Katrin Behrend

Pudel

richtig pflegen und verstehen

Experten-Rat für
Erziehung, Pflege
und Ernährung

Farbfotos:
Ulrike Schanz

Zeichnungen:
Renate Holzner

GU
GRÄFE
UND
UNZER

Inhalt

Einträchtig jagen Groß- und Toypudel einem Ball hinterher.

Vorwort

Schön, elegant und ungewöhnlich gelehrig – das ist der Pudel. Nur ganz wenige Hunderassen haben so ausgewogene Proportionen, lange Beine einerseits, einen wohlgegliederten Körper mit breiter Brust und schlanker »Taille« andererseits. Hinzu kommen seine Klugheit, Treue und Anhänglichkeit, die in allen Beschreibungen sehr gerühmt werden. Ein rundherum angenehmer Hund also, mit dem das Zusammenleben viel Freude macht.

Dieser GU Tier-Ratgeber stellt alle vier Pudelgrößen vor: den Großpudel, dessen Statur wohl der ursprünglichen entspricht, den pflegeleichteren Kleinpudel und die beiden »Kleinen« Zwergpudel und Toypudel. Mit ausführlichen Informationen über Aussehen, Wesen, Fell und Fellfarbe, Haartracht, Schur, Haltung, Pflege und rassetypischen Eigenschaften.

Auf den PRAXIS-Seiten erhalten Sie wertvolle Tips rund um die Erziehung, Pflege, Ernährung und Erste Hilfe im Krankheitsfall. Sie erfahren, wo Sie einen Welpen kaufen können und wie Sie ihn großziehen. Dazu gibt es einfache Spiele und Übungen, die sowohl Hund als auch Besitzer auf Trab halten. Die brillanten Farbfotos stammen von Ulrike Schanz, die informativen Zeichnungen von Renate Holzner.

Dieser GU Tier-Ratgeber ist unentbehrlich für alle, die sich für den Pudel als einem schönen, charmanten und intelligenten Hund begeistern.

Viel Freude mit Ihrem Pudel wünschen Ihnen die Autorin und die GU Naturbuch-Redaktion.

Bitte beachten Sie die »Wichtigen Hinweise« auf Seite 63.

Geschichte und Geschichten

Vom Wasserjagdhund zum Modehündchen

Daß der Pudel wie alle anderen Hunderassen vom Wolf abstammt und nur vom Wolf, mag manch einem beim Anblick eines eleganten, gut frisierten Vertreters dieser schönen Rasse kaum glaublich erscheinen. Man muß eben auf die Anfänge schauen. Ursprünglich waren es mittelgroße, kräftige, langbehaarte Jagdhunde, die sich im Wasser ausnehmend wohl fühlten und deswegen zum Apportieren von Wasservögeln benutzt wurden. Daher leitet sich auch ihr Name ab, nämlich von »budeln« oder »pudeln«, was soviel heißt wie »im Wasser plätschern«. Um sie vor Erkältungen zu schützen, ließ man vorn das dichte, lange Haar stehen, schor ihnen jedoch das Hinterteil kahl, damit sie im Wasser beweglicher waren.

Daß es mit dem Pudel etwas Besonderes auf sich hatte, zieht sich durch alle Beschreibungen. Man rühmte seine Klugheit, Treue und Anhänglichkeit und fand in ihm einen robusten Nutz- und Begleithund. Leider waren es gerade diese hervorstechenden Eigenschaften, die dem Pudel ein unwürdiges Schicksal bescherten. Er mußte Rechenkunststücke und Zirkusnummern aufführen, auf Jahrmärkten tanzen und Bratspieße drehen.

Als man dem Pudel nach dem 2. Weltkrieg ein neues Outfit verpaßte, mit dem seine eleganten Körperformen erst ins rechte Licht traten, avancierte er zum populärsten Hund der 60er Jahre. Doch wieder tat man ihm nichts Gutes an. Jetzt wurde er zum affigen Begleiter modisch herausgeputzter Damen und Herren herabgewürdigt. Obwohl der arme Pudel dafür gar nichts konnte, nahmen ihm das viele sozusagen übel. Sie blickten auf ihn mit Geringschätzung herab, und die Meinung, daß so ein Hund für das wirkliche Leben überhaupt nichts tauge, hat sich bis heute erhalten. Es ist höchste Zeit, den Pudel zu rehabilitieren und in ihm das zu sehen, was er ist: ein richtiger Hund.

Entwicklung der Rasse

Der Pudel gehört zu den alten Hunderassen, die schon jahrhundertelang bekannt sind. Wie und wann es dazu kam, daß der Mensch die Mutation in der Haarstruktur des Hundes ausnutzte und allmählich pudelartige Tiere mit Wollhaar herauszüchtete, ist unbekannt. Jedenfalls ist es die Behaarung, die den Pudel von den übrigen Hunderassen unterscheidet. Diese haben alle mehr oder minder glatte Haare, während das Haarkleid des Pudels dem des Schafs nicht unähnlich ist. So hieß auch der Schnitt, den man dem Pudel in den 20er Jahren angedeihen ließ, nicht von ungefähr Karakul-Schnitt, nach dem Lieferanten des Persianerfells genannt (→ Auf die Haartracht kommt es an, Seite 6).

Es wird vermutet, daß der Pudelahne von Osten kam, vielleicht aber auch aus Nordafrika. Jedenfalls lassen sich pudelähnliche Hunde mit geschorenem Hinterteil schon sehr früh in Europa nachweisen, so zum Beispiel auf griechischen und römischen Reliefs. Erste schriftliche Erwähnung findet ein Was-

Klug, treu, anhänglich, das sind die Eigenschaften, die man beim Pudel von Anfang an rühmte.

Von der Leine gelassen, werden die beiden Zwergpudel gleich unternehmungslustig davonstürmen.

servögel jagender Hund in der »Historie Animalum« (1536) des Schweizer Gelehrten Konrad von Gesner. Er nannte ihn »Canis aularius, aquaticus«, bezog sich in seiner Beschreibung jedoch auf den englischen Wasserspaniel, der zwar lockig, aber viel gröber war.

Tatsache ist, daß man den pudelartigen Wasserhunden schon damals mehr Wertschätzung entgegenbrachte. Im 17. Jahrhundert gelangten sie von Deutschland aus, wo sie wohl sehr beliebt waren, über Frankreich, Spanien und die Niederlande nach England. In einem 1845 erschienenen Handbuch über Hunderassen heißt es: »Es ist nicht bekannt, durch welche Kreuzung der Pudel entstanden ist. Man hat aber die Rasse sorgfältig fortgepflanzt. Wahrscheinlich stammt sie vom Kontinent her und ist ausgezeichnet durch ein dichtes gekräuseltes Haar, welches selbst das ganze Gesicht bedeckt und verursacht, daß der Kopf kurz, breit und einfältig aussieht. Nach Entfernung des Haars erscheint derselbe jedoch groß; namentlich ist die Schädelhöhe geräumiger als bei irgendeiner anderen Rasse ...«

In der zweiten Hälfte des 19. Jahrhunderts sinkt das Interesse am Pudel als Jagdhund, und seine Verbreitung geht merklich zurück. Da inzwischen von Frankreich aus die Idee der planmäßigen Zucht von Rassehunden in Europa Fuß faßt, strebt man dies auch für Pudel an. 1896 wurde in München der »Pudelclub« gegründet, der dem Fortbestand der Rasse zu einer sicheren Basis verhalf. Zweck des Clubs war und ist es, »die Ausbreitung des Pudels mit allen Kräften zu fördern und das Verständnis für seine Reinzucht und sachgemäße Pflege in immer weitere Kreise zu tragen«.

Zu Anfang züchtete man nur Pudel einer Größe, die möglichst über 40 cm hoch sein sollten. Die Farben mußten einheitlich sein, nämlich schwarz, weiß und braun. Abzeichen wie weiße Brustflecken oder Füße und ähnliches waren verpönt. Zudem unterschied man je nach Haarpflege Schnürenpudel und Wollpudel (→ nächster Abschnitt). Gegen Ende der 20er Jahre wurde der Idealtyp des Großpudels geprägt. Nach dem 2. Weltkrieg kam, bedingt durch die kleinen Wohnungen, der Zwergpudel hinzu, und seit 1985 ist als vierte Größe der Toypudel zugelassen (→ Die vier Pudelgrößen, Seite 14).

Auf die Haartracht kommt es an

Die Haartracht hat beim Pudel viel ins Rollen gebracht. Daß man sich ihretwegen zeitweise sogar in die Haare geriet, mutet allerdings etwas grotesk an. <u>Beim Schnürenpudel</u> werden die Haare weder geschnitten noch ausgekämmt. Sie dürfen gar nicht geschoren werden, weil sonst die zu stark wuchernde Unterwolle zu Placken verfilzt. Höchstens, daß man die stehengelassene Wolle mit den Fingern lockert. Wie bei der Rasta-

Ein wenig grotesk mutet heutzutage die Haartracht des Schnürenpudels an.

frisur werden die spiralig wachsenden Haare mit dem ausfallenden Haar zu gleichmäßig festen Schnüren von Strohhalmdicke zusammengedreht. Es dauert mindestens zwei Jahre, bis sich perfekte Schnüre gebildet haben, die im Lauf der Zeit bis auf den Boden wachsen. Ein solches Prachtexemplar von Pudel wurde mit der Hand gefüttert, damit es sich nicht bekleckerte, und seine Sauberhaltung und Pflege geriet beinahe zur Lebensaufgabe. Nicht aus jedem Pudel kann ein Schnürenpudel werden, aber jeder Schnürenpudel läßt sich zum Wollpudel umfrisieren.

Beim Wollpudel werden die Haare zu einer Frisur geschnitten und anschließend ausgekämmt.

Was es mit den einzelnen Frisuren auf sich hat, ist im folgenden beschrieben (→ Standardschuren, Seite 42):

• Die Löwenschur wirkt trotz ihres praxisbezogenen Ursprungs absonderlich. Dem Pudel wurden Hinter- und Vorderläufe rasiert, um das Schwimmen zu erleichtern. Zum Schutz von Herz und Lunge ließ man die Mähne stehen, Haarbüschel wärmten Lendenpartie, Knie und Fußgelenke, eine Haarquaste am Rutenende diente als Ruder. So sieht die Frisur mehr oder weniger auch heute noch aus und ist, mit speziellen Vorschriften ausgestattet, als »Alte Schur« im Standard festgelegt.

• Beim Krakul-Schnitt wird die Wolle an Hals, Rumpf und Ohren abgenommen, auch an der lustigen Schwanzquaste, dafür bleibt sie an Schopf, Bart und an den Beinen bis über die Krallen. Um diese Frisur gab es viel Wirbel, denn der Nationalsozialismus verbot sie als »nicht deutsch«.

• Die Mode-Schur fand zu einem Kompromiß. Die langen Behänge sind wieder reich behaart, der gepflegte Bart steht nur an den Lefzen, die zierlichen Füße werden erneut glatt getragen.

Selbst die Schwanzquaste darf sich von neuem zeigen. Nur Hals und Rücken werden kurz gehalten und gehen allmählich in die Wolle der Läufe über. Eine hübsche Frisur und für den Pudel sehr angenehm, vor allem, wenn die Haarlänge der Jahreszeit angepaßt ist. Sie trug zur Beliebtheit des Pudels außerordentlich bei, war jedoch beim den Standard anführenden französischen Pudelclub verpönt. Modern geschorene Pudel mußten auf internationalen Ausstellungen in besonderen Katalogen geführt werden und durften oft nicht einmal die eigentlichen Ausstellungshallen betreten. Schließlich einigten sich der französische und der deutsche Pudelclub, und so konnte 1963 schließlich die moderne Schur als »Neue Schur« im Standard festgelegt werden.

Pudelfreunde in bester Gesellschaft

Berühmte Leute haben sich den Pudel zum Freund erkoren und ihm in Wort und Ton ein Denkmal gesetzt. Der Philosoph Arthur Schopenhauer kann wohl als der bedeutendste Pudelfreund angesehen werden. Wieviele Pudel er in seinem Leben besessen hat, ist nicht überliefert. Aber man weiß, daß er allen zusätzlich zu ihrem Namen den Ehrentitel »Atma« gab. Dieses Wort stammt aus dem indischen Sprachbereich und heißt soviel wie »Weltseele«.

Auch dem Komponisten Richard Wagner gingen Hundefreundschaften über alles. Während seiner Zeit als Musikdirektor in Magdeburg besaß er einen braunen Pudel namens Rüpel, der offensichtlich sehr musikalisch war. Wenn der Meister beim Komponieren des »Tannhäusers« einzelne Passagen auf dem Klavier spielte, quittierte Rüpel allzu häufige Gefühlsausbrüche mit lautem Gebell. »Ich überprüfte die Stellen«, schrieb Wagner in einem Brief, »worauf gewöhnlich eine Mäßigung erfolgte.«

Kaum zu glauben, aber wahr: Der Pudel wurde ursprünglich als Helfer des Menschen bei der Jagd eingesetzt. Zu seinem Spezialgebiet gehörte das Apportieren von Wasservögeln. Damit er im Wasser beweglicher war, schor man ihm sein Hinterteil kahl.

Das Wesen des Pudels

Besonders die kleinen Pudelrassen wie Zwerg- und Toypudel werden auch heute noch häufig als Schoß- und Modehündchen verachtet. Völlig zu unrecht, denn ob klein oder groß – alle Pudel sind »richtige« Hunde.

»Das also war des Pudels Kern«, sagt Faust und meint damit die eigentliche Natur des Pudels, die in seinem Fall »teuflisch« ist. Dieser Satz aus Goethes Drama »Faust« hat den Pudel zum meistzitierten Hund im deutschen Sprachbereich werden lassen. Was mag den Dichter dazu veranlaßt haben, ausgerechnet den fröhlichen und selbstbewußten Pudel zur Inkarnation des Teufels werden zu lassen? Die Eigenschaften dieses Hundes sind nämlich in jeder Hinsicht angenehm, ja man kann bei der Beschreibung ihres Aussehens und ihres Wesens regelrecht ins Schwärmen geraten.

Schön und elegant

Bei meiner Zwergpudelhündin Susi hat mich immer wieder von neuem ihre Haltung fasziniert. Sie konnte so besonders dastehen, den Kopf stolz erhoben, die Beine zierlich nebeneinander gestellt, als berührten sie nur eben den Boden, dazu der Blick, in dem deutlich zu lesen war: Kannst du mir noch widerstehen?

Auch wenn da etliches an Vermenschlichung und Stolz auf den eigenen Hund drinsteckt, gilt diese Beschreibung im Grunde für alle Pudel. Was sie so unwiderstehlich macht, ist ihre Schönheit und Eleganz. Nur bei ganz wenigen Hunderassen findet man diese ausgewogenen Proportionen, die langen Beine einerseits, den wohlgegliederten Körper mit breiter Brust und schlanker »Taille« andererseits. Dazu der edel geformte Kopf, der auf einem feinen, aber dennoch festen Hals getragen wird.

Plädoyer für den Pudel

Tatsächlich hat diese äußere Erscheinung viel dazu beigetragen, daß der Beliebtheitsgrad des Pudels nach dem Krieg so enorm gestiegen ist. Allerdings ist dieser Erfolg nur in Zusammenhang mit der Erfindung einer neuen Schur zu sehen. Der Pudel der alten Schur mit Löwenmähne, kleinem Schnurrbart, kahlem Hinterteil und Röllchen an den Beinen entsprach nicht dem Geschmack des breiten Publikums. Erst die neue Schur mit Hosen an allen vier Läufen, kurz geschorenem Rücken und größerem Bart, die den Pudel sozusagen verniedlicht, traf auf Gegenliebe (→ Auf die Haartracht kommt es an, Seite 6).

Allerdings steckte da auch eine Gefahr drin. Wird ein Hund zum Modehund, kommt es zu Auswüchsen. Vor allem den Zwergpudeln wurde übel mitgespielt. Man sah sie mit lila gefärbtem Fell, rot lackierten Krallen, Schleifchen in der Frisur und bizarrem Outfit auf dem Arm ebenso herausgeputzter Damen. Sie wurden zum Kaffeekränzchen mitgenommen, saßen mit bei Tisch und mußten das Leben eines modischen Anhängsels fristen. Das zehrte an ihrem Ruf, so daß der Pudel für viele Hundefreunde bald nicht mehr zu den richtigen Vierbeinern gezählt wurde und man ihn als verzärteltes Schoßhündchen verachtete.

So ist es an der Zeit, das Bild des Pudels wieder zurechtzurücken. Denn auch wenn jeder einzelne wie ein Star-Mannequin auftritt und Reklame für sich und seine Rasse macht, so ist und bleibt

Ein Stöckchen geworfen bekommen und es zurückbringen machen Pudel für ihr Leben gern.

der Pudel doch durch und durch ein Hund, der es an Ausdauer und Zähigkeit mit jedem anderen aufnehmen kann. Wenn wir sagen, er sei eitel, weil er mit leichter, tänzelnder Gangart sein gepflegtes Aussehen und die vollendete Anmut seiner Bewegungen vorführt, dann interpretieren wir ihn in menschlicher, das heißt unzulässiger Weise. Lassen wir uns lieber von dem bezaubern, was in ihm steckt, von seinem Charme, seiner Gelehrigkeit und seinem angenehmen Wesen.

Von fröhlicher Eigenständigkeit

Pudelbesitzer stecken immer voll von Anekdoten über die kleinen und großen Taten, die ihre Hunde aus eigenem Antrieb vollbracht haben. Folgende, von dem deutschen Dichter Viktor von Scheffel überlieferte Geschichte charakterisiert diese fröhliche Eigenständigkeit des Pudels in sehr humorvoller Art. In einer Nacht, in der es heftig schneite, kehrte Scheffel zusammen mit seinem Pudel ziemlich angeheitert nach Hause. Auf dem Weg übermannte ihn die

Seine außerordentliche Gelehrigkeit bescherte dem Pudel so manchen unwürdigen Auftritt im Zirkus oder auf dem Jahrmarkt. Er mußte zum Beispiel Rechenkunststücke vorführen oder Tanznummern absolvieren.

Müdigkeit, und er sank in den Schnee. Der Hund bellte nicht und lief auch nicht weg, etwa um Hilfe zu holen. Fürsorglich scharrte er rundherum den Schnee zusammen, so daß sein Herr geschützt in einer kleinen Mulde lag, dann legte er sich gemütlich auf ihn und wärmte ihn mit seinem dichten Fell. Als die beiden am anderen Morgen von einem Jäger entdeckt wurden, stellte sich heraus, daß sie ganz dicht neben dem steilen Neckarufer lagen. So hatte der Pudel seinen Herrn erst vor dem Ertrinken und dann vor dem Erfrieren gerettet.

Das Zusammenleben mit einem Pudel bringt wirklich nur Freude. Seine Aufmerksamkeit konzentriert sich ganz auf seine Familie. Ruhig kann er abwarten, solange Herrchen oder Frauchen anderweitig beschäftigt sind. Um so ausgelassener ist seine Freude, wenn man sich zum Spazierengehen rüstet. Nichts entgeht seinen klugen Augen, jede Bewegung wird registriert.

Die größte Liebeserklärung an den Pudel schrieb Peter Scheitlein 1840 in seinem »Versuch einer vollständigen Tierseelenkunde«. Da heißt es: »Der vollkommenste Hund ist der Pudel, und was Gescheites und Braves am Hunde gerühmt wird, bezieht sich vereint auf ihn. Er hat Eigenheiten, Sonderbarkeiten, Originalitäten und Genialitäten. An ihm ist alles Psyche. Der Pudel ist von Natur aus gut. Jeder schlechte ist durch Menschen schlecht gemacht worden.«

Ungewöhnlich gelehrig

Der Hund lebt gesellig und kennt daher Gefühle wie Lust und Freude, Ungeduld, Eifersucht und Schmerz, Angst und Trauer. Alle Empfindungen erfährt er aber vergröbert, weil er an Vorher oder Nachher nicht denken, Schlußfolgerungen nicht konsequent ziehen kann. Nur er ist in der Lage – und das unterscheidet ihn von den anderen

meisten Haustieren –, Erfahrungen zu verwerten und Erinnerungen in seinem Gedächtnis aufzubewahren. Je nachdem, wie diese Erfahrungen waren, angenehm oder unangenehm, führt dies, wie es uns manchmal scheinen will, zu überlegtem Handeln. Der Pudel tut ein übriges: Er »widmet« dieses Handeln seinem Herrn. Berühmt ist die Geschichte des Pudels vom Pont-Neuf in Paris. Er soll allen Vorübergehenden die Schuhe beschmutzt haben, damit sein Herr, der Schuhputzer war, zu arbeiten hatte.

Die Geschichte braucht kein Märchen zu sein. Über die ungewöhnliche Gelehrigkeit des Pudels ist schon viel geschrieben worden. Branco, der Kleinpudel einer Freundin, hatte öfters beobachtet, daß sie einen Stuhl an den Schrank schob, um etwas von oben herunterzuholen. Als sie sich einmal schwer am Knöchel verletzte, konnte sie sich zwar noch zum Telefon robben, es aber nicht mehr erreichen. Plötzlich fing Branco, der die ganze Zeit um sie herumlief, solange an einem Hocker zu ziehen und zu zerren, bis er ihn nahe genug an der Kommode hatte, auf dem das Telefon stand. Er sprang hinauf, nahm den Hörer (es war einer mit integriertem Wahlsystem) in den Fang und brachte ihn seinem Frauchen.

Wohlgemerkt, das war kein Dressurakt. Branco hatte nur verstanden, sozusagen zwei und zwei zusammenzuzählen. Aber es beweist, daß es für Pudel keine Schwierigkeit bedeutet, Kunststückchen zu lernen, ja, daß es ihnen geradezu Freude macht, diese ihre Fähigkeiten unter Beweis zu stellen.

Kleines ABC für Pudelfreunde

Im Zusammenhang mit dem Pudel begegnen Ihnen Fachbegriffe, die Sie kennen sollten.

Abzeichen: So nennt man die andersfarbigen Flecken im Haarkleid des Hundes. Beim Mehrfarbenpudel Schwarz und Loh sind es brandrote Abzeichen im schwarzen Fell.

Apportieren: Das Bringen von Gegenständen, auf Befehl oder freiwillig, ist eine der liebsten Beschäftigungen des Pudels. Es liegt ihm aus seinem ehemaligen Jagdhund-Dasein noch im Blut.

Behang: So heißen die Hängeohren, die beim Pudel bis zum Mundwinkel reichen sollen und mit langem, welligem Haar bedeckt sind.

Charakter: Trotz individueller Unterschiede gibt es bei Hunden rassetypische Wesenszüge. Sie sind das Ergebnis von Domestikation und gezielter Zuchtwahl. Der Pudel zeichnet sich vor allem durch seine Liebenswürdigkeit, Gelehrigkeit und Anpassungsfähigkeit aus. Er ist ein Menschenhund, der nicht müde wird, seine Zuneigung, seine Fröhlichkeit und das, was er gelernt hat, immer wieder zu beweisen oder vorzuführen.

Hosen: So bezeichnet man die Form, in der die Haare an den Läufen bei der standardgemäßen Mode-Schur sowie beim Karakul-Schnitt getrimmt werden.

Hüftgelenksdysplasie: Leider treten auch bei den Pudeln Hüftprobleme auf. Hüftgelenksdysplasie (HD) führt zur Verformung bzw. Degeneration des Gelenks. Eine vererbbare Erkrankung vor allem bei größeren Hunderassen. Großpudel mit HD sind von der Zucht ausgeschlossen.

Jacke: Darunter versteht man bei der Klassischen Schur (Löwenschur) das ungeschorene lange Wollhaar, das sich über Brust und Rücken bis zum ausgeschorenen Hinterteil erstreckt.

Karakul-Schnitt: Diese Schur wurde in den 20er Jahren Mode und hatte ihren Namen vom Persianerlieferanten Karakulschaf. Im Gegensatz zur Löwenschur war es ein sportlicher »Anzug« mit kurzgeschnittenem Rückenhaar und viel Wolle an den Beinen.

Kupieren: Kürzen der Rute um ein Drittel bzw. auf die Hälfte ihrer natürlichen Länge. Ursprünglich stutzte man die Rute, um den zur Wasserjagd eingesetzten Pudel beim Schwimmen und Stöbern vor Verletzungen zu bewahren.

Puscha: Kreuzung zwischen Pudel und Streifenschakal.

Puwo: Wolf-Pudel-Kreuzung, an der die Mischung der beiden Stammeltern Wolf und Hund studiert wird.

Schnürenpudel: Beim Schnürenpudel wird die stehengebliebene Wolle nicht ausgekämmt, sondern höchstens mit den Fingern gelockert. Die spiralig wachsenden Haare drehen sich ineinander und bilden mit den Jahren Schnüre, die bis auf den Boden reichen. So einen Pudel bekommt man kaum mehr zu sehen, weil seine Sauberhaltung und Pflege zu aufwendig sind.

Wollpudel: Sein Haar muß, nach dem Standard zitiert, dick und reichlich, gleichmäßig lang und gelockt und vollkommen ausgekämmt sein. Es wird regelmäßig alle 6 Wochen getrimmt.

Der Pudel im Porträt

Der Pudel wird zu den Nutzhunden gezählt. Entstanden aus Kreuzungen zwischen zotthaarigen Hütehunden und Jagdhunden, diente er ursprünglich hauptsächlich bei der Wasserjagd, vor allem auch, weil er sehr gelehrig und apportierwillig war und es noch ist. Heute gehört der Pudel dank seines wachsamen, geselligen Wesens und überdurchschnittlichen Lernvermögens mit zu den beliebtesten Rassen.

Apricotfarbener Großpudel mit silberfarbenem Toypudel.

Kleinpudel mit schwarzweißem Fell.

Allerliebst sieht dieser kleine braune Toypudel aus.

Begeistert, daß ihm soviel Aufmerksamkeit geschenkt wird, präsentiert sich dieser schwarz-weiße Kleinpudel der Fotografin.

Die beiden Zwergpudel (schwarz und loh) verstehen sich.

Zwei apricotfarbene Exemplare des Zwergpudels.

Lässig elegant könnte man die Haltung dieses weißen Zwergpudels umschreiben.

Der Rassestandard

Der Rassestandard ist eine Beschreibung des Idealtyps einer Rasse. Für den Pudel wurde er zum ersten Mal um die Jahrhundertwende festgelegt. Im Lauf der Zeit unterlag er vielen Veränderungen, vor allem hinsichtlich der Größen und der Haartracht. Der Standard wird im Ursprungsland der Rasse – für den Pudel ist das Frankreich – erstellt, beim Internationalen Dachverband der Hundezüchter hinterlegt und den jeweiligen Mitgliedsverbänden übermittelt, damit einheitliche Beurteilungskriterien für die Hunderasse vorliegen. Der heutige Standard gilt seit 1991.

Die vier Pudelgrößen

Der Standard schreibt für alle vier Größen dieselben Merkmale vor. Sie sind im nächsten Abschnitt beschrieben. Hier gehe ich auf das ein, was sie unterscheidet. Die Maße beziehen sich auf die Schulterhöhe.

• Großpudel 45 bis 60 cm.
Der Großpudel soll die vergrößerte Wiedergabe des Kleinpudels sein, aus diesem entwickelt und mit den gleichen Merkmalen ausgestattet. Er ist der ideale Hund für ein Haus mit großem Garten und einer Umgebung, in der man ihm viel Auslauf gewähren kann. Hervorragend als Hauswächter geeignet, läßt er sich auch gut zum Schutz- und Begleithund ausbilden und hat einen ausgezeichneten Spürsinn.

Anmerkung: Die im Standard aufgenommene Formulierung, der Großpudel solle die vergrößerte Wiedergabe des Kleinpudels sein, ist eine Fehlinterpretation. Tatsächlich waren die Pudel früher von kräftiger Statur und entsprechender Größe, nämlich zwischen 50 und 60 cm. Aus den großen Pudeln kleinere zu züchten war einfach, umgekehrt hingegen entstanden gravierende Zuchtfehler.

• Kleinpudel 35 bis 45 cm.
Als ausgesprochener Begleithund kann der Kleinpudel in jeder Art von Wohnung gehalten und überallhin mitgenommen werden, besonders wenn er gut erzogen wurde. Er eignet sich als Wachhund im Haus, ist sehr kinderfreundlich und leichter zu halten als der Großpudel, da Fütterung und Pflege weniger aufwendig sind.

• Zwergpudel 28 bis 35 cm.
Der Zwergpudel soll in seiner Gesamterscheinung die verkleinerte Wiederga-

be des Kleinpudels darstellen ohne Anzeichen von Nanismus (Zwergwuchs). Er vereint alle guten Eigenschaften der Rasse in sich und ist ebenfalls ein angenehmer Begleithund. Man kann ihn leicht auf den Arm nehmen, so daß er in öffentlichen Verkehrsmitteln und selbst in Geschäften keine Umstände macht. Ist er richtig erzogen worden, wird er niemals lästig fallen. Er fühlt sich in jeder Umgebung wohl und liebt ausgedehnte Spaziergänge. Vorsicht: Manchmal kommt dabei der angeborene Jagdtrieb wieder zum Vorschein – wie übrigens bei allen Pudeln.

Toypudel: 28 cm, ideal sind 26 cm. Er sieht aus wie ein Zwergpudel, nur in noch kleinerer Ausführung. Auch für Wesen, Haltung und Pflege des Toypudels gelten die gleichen Kriterien.

Rassemerkmale

Aussehen: Der Pudel ist harmonisch gebaut und von mittlerer Größe mit charakteristisch frisiertem gelocktem oder zu Schnüren gedrehtem Haarkleid.

Körperbau: Quadratisch, wobei dieser Eindruck durch die Schur unterstützt oder vermindert wird. Der Rumpf ist länger als die Widerristhöhe, der Rücken kurz, die Brust relativ breit.

Kopf: Wird hoch und stolz getragen. Er ist lang bei rundem Schädel, der Stop wenig ausgeprägt, der Fang kräftig, der Nasenspiegel schwarz bei schwarzen, weißen und silbernen Tieren, braun bei braunen und apricotfarbenen.

Augen: Leicht schräg gestellt, mit lebhaft-feurigem Ausdruck. Schwarz oder tiefdunkelbraun bei schwarzen, weißen, silber- und apricotfarbenen Pudeln, bei braunen dunkelbernsteinfarben.

Behang (Ohren): Er soll bis zum Mundwinkel reichen und mit langem, gewelltem Haar bedeckt sein.

Pfoten: Sie sind klein, geschlossen und bilden ein kurzes Oval. Die Zehen haben Schwimmhäute und stehen fest auf harten, dicken Ballen.

Rute: Sie wird schräg aufwärts getragen und ist kupiert.

Haut: Sie ist geschmeidig, nicht lose und in Übereinstimmung mit der Fellfarbe pigmentiert. Weiße Pudel sollen silberhäutig sein, Lidrand, Lefzen, Nasenspiegel, Zahnfleisch, Gaumen, Hoden und Ballen schwarz pigmentiert.

Fell und Farbe: Das dichte, wollige Haarkleid ist von feiner Struktur und gleichmäßig lang. Es bildet Locken, die sich elastisch anfühlen. Der Pudel verliert keine Haare. Die Farbpalette reicht von Schwarz, Braun, Apricot und Silber bis Weiß, dazu die Mehrfarbenpudel in Schwarzweiß (Harlekin) sowie Schwarz und Loh, neuerdings auch Rot.

Zu den Zeichnungen: Die vier Pudelgrößen im Vergleich. Von links nach rechts: Großpudel, Kleinpudel, Zwergpudel und Toypudel.

Ratschläge für den Kauf

Der Kauf eines Hundes darf kein spontaner Entschluß sein. Überlegen Sie vorher gründlich, was für Eigenschaften der neue Partner mitbringen soll und welche Voraussetzungen Sie für die Hundehaltung bieten können. Lassen Sie sich Zeit dafür und wägen Sie ab, ob Sie Ihr bis dato hundefreies Leben in Zukunft an die Bedürfnisse eines Hundes anpassen wollen.

Das süße Pudelchen erobert Ihr Herz im Sturm. Haben Sie aber auch bedacht, ob ein Hund in Ihr Leben paßt?

Warum ein Pudel?
Wenn Sie beim Lesen dieses Textes den Pudel nicht schon erworben haben, können Ihnen die folgenden Fragen bei der Kaufentscheidung helfen.
1. Ein gut gepflegter Pudel kann 10 bis 15 Jahre alt werden. Sind Sie bereit, ihm sein Leben lang die Treue zu halten, auch wenn er einmal krank werden sollte?
2. Entspricht ein Pudel in Aussehen und Wesen der Vorstellung, die Sie sich von Ihrem zukünftigen Hund gemacht haben?
3. Ist dem Hund, solange er lebt, sein Platz bei Ihnen und Ihrer Familie sicher?
4. Können Sie sich täglich etwa 2 Stunden mit dem Pudel beschäftigen und überdies einen langen Spaziergang mit ihm machen?
5. Haben Sie Zeit und Geduld für die tägliche Pflege, deren das Pudelfell bedarf?
6. Wissen Sie, daß Sie alle 6 Wochen Geld für den Pudelfriseur ausgeben müssen?
7. Können Sie auch die notwendigen Kosten für Futter, Pflege, Steuer, Tierarzt und sonstiges aufbringen?

8. Gestattet Ihr Vermieter die Haltung eines Hundes?
9. Was geschieht mit dem Pudel, wenn Sie in Urlaub fahren, ins Krankenhaus oder ins Altenheim müssen?
10. Ist jemand in der Familie allergisch gegen Hundehaare?

Pudel brauchen »ihre« Menschen
Viele berühmte Leute, Albrecht Dürer etwa, Beethoven und Wagner, Schopenhauer, Mörike, Heine und Goethe, sie alle erlagen dem Charme eines Pudels und setzten ihm in ihren Werken ein Denkmal. So ist die sich gleichsam im Kreis drehende Melodie von Chopins »Minutenwalzer« dem wirbelnden Tanz eines Pudels gewidmet und heißt eigentlich »la valse du petit chien«.
Wie groß umgekehrt die Faszination ist, läßt sich nicht so ohne weiteres sagen. Tatsache jedoch ist, daß die Zuneigung des Pudels dem Menschen gilt. Ihm bekundet er immer wieder von neuem seine Anhänglichkeit, seinen Einfallsreichtum und sein heiteres Wesen. Ja, man kann sagen, der Pudel erfüllt die Wünsche seines Herrn, weil er ihm zugetan ist. Diese Hingabe des Pudels an »seinen« Menschen darf von diesem nicht mißverstanden werden. Der Pudelbesitzer muß sich bewußt sein, daß er einen Hund gewählt hat, der zwar zu den schönsten, gelehrigsten und intelligentesten seiner Artgenossen zählt. Doch bleibt er dennoch ein Tier, ein Nachkömmling des Wolfes, und man würde sein Wesen verkennen, betrachtete man ihn nur als Spielzeug, als Statussymbol oder gar als modisches Beiwerk.

Ein Pudel ist »sei-
nem« Men-
schen treu ergeben
und zeigt dies auch
durch rührende
Anhänglichkeit.
Seine Hingabe und
Zuneigung sollte
jedoch nicht dazu
verleiten, ihn zu
vermenschlichen.

Ein gut erzogener Hund verläßt seinen Platz erst, wenn Sie ihn dazu auffordern.

Hündin oder Rüde?

Bei dieser Entscheidung kommt es auf Ihre persönliche Vorliebe an. Die Unterschiede sind weniger wesensmäßig denn geschlechtsspezifisch.

Die Hündin wird zweimal im Jahr läufig (→ Paarung, Seite 56). Wer keinen Hundenachwuchs wünscht, muß in dieser Zeit darauf achten, daß ungebetene Freier nicht zum Zuge kommen.

Um dem allem zu entgehen, ist die Kastration möglich. Entgegen landläufiger Meinung hat der Eingriff keine psychischen Veränderungen bei der Hündin zur Folge.

Dem Rüden wird nachgesagt, er sei weniger anhänglich als die Hündin. Dies trifft beim Pudel nur dann zu, wenn sein Besitzer ihn vernachlässigt. Dann kann er zum Streuner, ja sogar zum Wilderer werden. Im übrigen zieht es ihn nur zu den Zeiten nach draußen, wenn allenthalben die »heißen« Hündinnen locken. Ein Spaziergang wird dann sehr lang, weil er unentwegt das Bein hebt, um Duftmarken zu hinterlassen.

Welpe oder erwachsener Hund?

Ein Welpe lebt sich am leichtesten in die neue Familie mit ihren Gewohnheiten und Eigenarten ein. Er gewöhnt sich einfacher an Sie als seinen »Leithund«. Und für Sie ist es schön, ihn heranwachsen zu sehen und seine allmählichen Fortschritte in der Entwicklung vom tolpatschigen Hundebaby zum gut erzogenen Hund mitzuerleben und zu fördern. Aber seine Aufzucht erfordert auch viel Mühe, Zeit und Geduld, denn alles, was bei einem erwachsenen Hund selbstverständlich ist, muß dem Kleinen ja erst beigebracht werden. Und das ist nicht wenig.

Bei einem erwachsenen Hund ist die Entwicklung schon abgeschlossen und von Ihnen kaum mehr zu beinflussen. Sie können nicht sicher sein, ob er seinen ehemaligen Herrn vergessen und sich Ihnen anschließen wird. Dennoch sind schon viele dieser Zweitverbindungen für beide Teile ausgesprochen glücklich verlaufen.

Checkliste zum Kauf

1. Haben Sie die schriftliche Genehmigung des Vermieters, daß er die Haltung eines Hundes gestattet?

2. Prüfen Sie, ob Sie einen offiziell anerkannten Stammbaum erhalten haben. Er bescheinigt Rassereinheit und Identität des Pudels und ist eine Urkunde im juristischen Sinn.

3. Trägt der Hund schon die vom VDH (Verband für das Deutsche Hundewesen) vorgeschriebene Tätowierungsnummer?

4. Der Impfpaß muß die Eintragungen der erfolgten Schutzimpfungen durch den Tierarzt enthalten (→ Impfplan, Seite 51).

5. Fragen Sie den Züchter, ob der Hund entwurmt wurde.

6. Lassen Sie sich von ihm einen Ernährungsplan geben, damit der Welpe weiterhin seine gewohnte Nahrung bekommt.

7. Bestehen Sie auf einem Kaufvertrag. Er sichert sowohl den Käufer als auch den Züchter rechtlich ab.

8. Denken Sie daran, daß Sie den Hund steuerlich anmelden müssen. In welchem Alter, erfahren Sie in Ihrem Rathaus.

9. Wichtig ist der Abschluß einer Hunde-Haftpflichtversicherung. Auch kleine Hunde können große Schäden mit stattlichen Kosten verursachen.

Wo man einen Pudel kauft

Ihren Wunschwelpen kaufen Sie am besten beim Züchter. Anschriften erhalten Sie über die Landesgruppen des Deutschen Pudelklubs e.V. (DPK → Anschriften, Seite 63). Die Züchter des DPK garantieren durch die Einhaltung der Zuchtrichtlinien für gesunde und artgerecht aufgezogene Pudel.

• Suchen Sie nach der Entscheidung für die Ihnen zusagende Pudelgröße (→ Pudel im Porträt, Seite 12 bis 15) mindestens drei Züchter auf und schauen Sie sich genau um.

• Ein guter Züchter hält engen Kontakt zu seinen Hunden. Diese sollten sich entspannt und angstfrei verhalten.

• Das Wurflager der Hündin, die Aufenthaltsplätze, Liegematratzen, alle Futter- und Wassernäpfe müssen sauber, die Hunde vor Zugluft, Nässe und Kälte geschützt sein.

• Verabreden Sie mit dem Züchter, daß Sie ab der 3. Woche regelmäßig Ihren Welpen besuchen können, damit er sich an Sie gewöhnt.

• Der Züchter muß Ihnen Ahnentafel, Gesundheits- und Impfzeugnisse sowie den Kaufvertrag aushändigen.

• Der Kaufvertrag sollte eine Rücknahmeklausel enthalten für den Fall, daß es wider Erwarten ernsthafte Probleme mit dem Jundhund gibt.

• Ein guter Züchter bietet Ihnen von sich aus seine Unterstützung bei allen Schwierigkeiten im täglichen Umgang mit dem neuen Hund an.

Nicht kaufen sollten Sie einen Welpen bei unseriösen »Züchtern«, die nur um des Profits willen mit Hunden handeln, oder über den Versandhandel.
Sich einen Pudel aus dem Tierheim holen ist hingegen eine gute Tat. Während seines dortigen Aufenthalts steht er unter tierärztlicher Kontrolle und Pflege, und vielleicht hat sein vorheriger Besitzer sogar die Ahnentafel hinterlassen.

Wahl des Welpen

Ab der 3. Lebenswoche bis zur Abgabe – nicht vor der 8. Woche – sollten Sie Ihren Wunschwelpen regelmäßig besuchen und mit ihm spielen, damit er sich an Sie gewöhnt.

Der gesunde Welpe hat ein rundes Bäuchlein, dichtes, sich gut anfühlendes Fell, einen sauberen Fang mit weißen Zähnen, klare, glänzende Augen und saubere, rosafarbene Ohren. Eingefallene Flanken, entzündete Augen und verklebte Ohren mit bräunlichem Ausfluß sind Krankheitsanzeichen.

Auf das Wesen sollten Sie auch achten. Suchen Sie sich nicht einen scheuen, sich in eine Ecke zurückziehenden Welpen aus, nur weil er Ihnen leid tut. Schauen Sie genau, wie sich die Tiere im einzelnen verhalten. Der Draufgänger tobt fröhlich herum und stürmt kontaktfreudig auf den Besucher zu. Der Vorsichtige beobachtet still, aber mit großem Interesse aus seiner Korbecke heraus, was sich alles tut. Und der Sanfte mischt nur mit, wenn die Spiele weniger anstrengend und ungestüm sind. Wählen Sie den Welpen, der zu Ihnen paßt. An ihm werden Sie die richtige Freude haben.

Hinweis: Der Großpudel braucht zum Ausreifen wesentlich länger als seine kleineren Kollegen. Mit 8 Wochen wirkt er noch recht unbeholfen, eher wie ein junges Füllen, und geht oft im Paßgang. Der Kleinpudel ist schon recht ausgereift, Zwerg- und Toypudel sehen dagegen noch etwas unfertig aus.

Schon vor dem Kauf sollten Sie sich darüber informieren, wieviel Zeit Sie für die Pflege eines Pudels aufwenden müssen. Die tägliche Kontrolle der Ohren ist ein unbedingtes Muß (→ PRAXIS Seite 38/39).

Die Eingewöhnung des Welpen

Endlich ist es soweit. Sie dürfen den Welpen, der acht bis neun Wochen alt ist, vom Züchter abholen. Damit beginnt eine ebenso schöne wie aufregende Zeit, denn nicht nur das Hündchen hat damit zu tun, sich an Sie zu gewöhnen, auch Sie müssen Ihren Alltag an das neue Familienmitglied anpassen.

Der Welpe wird abgeholt

Die günstigste Abholzeit ist der Vormittag. Dann hat der kleine Pudel den ganzen Tag vor sich, um sein neues Zuhause zu erkunden, bevor er zum ersten Mal allein – ohne Mutter und Geschwister – schlafen muß.
Fahren Sie am besten im Auto und zu zweit. Die Begleitperson nimmt den Kleinen auf den Schoß, streichelt ihn und spricht leise mit ihm. Eine untergelegte Decke bewahrt die Kleidung vor Verschmutzung, falls sich der Welpe übergeben muß oder vor Angst ein Pfützchen macht. Schützen Sie ihn vor Zugluft, dagegen ist er empfindlich. Wenn Sie den Welpen im öffentlichen Verkehrsmittel nach Hause holen, sollten Sie ihn in einer verschließbaren Transportbox tragen (aus dem Zoofachhandel).
Mein Tip: Sie können den Züchter bitten, ein paar Tage vor der Übergabe die zukünftige Schmusedecke in den Welpenraum zu legen. Dann hat sie bis zur Abholung den vertrauten Geruch angenommen, und dem Kleinen wird so die Eingewöhnung im neuen Zuhause erleichtert.

Im neuen Zuhause braucht der kleine Pudel Zeit, um in Ruhe seine neue Umgebung zu erkunden. Sie dürfen ihn dabei nicht stören.

Die ersten Tage daheim

Für den Neuankömmling steht alles schon bereit: Schlafkorb, bißfestes Spielzeug, die Näpfe für Wasser und Futter (→ Ausstattung, Seite 23), eventuell ein Kästchen mit Katzenstreu für die Zeit, bis er stubenrein ist (→ Früherziehung ist wichtig, Seite 21). Nun darf er in Ruhe seine neue Umgebung erkunden. Stören Sie ihn dabei nicht.
Streßfreies Einleben. Vermeiden Sie in den ersten Tagen jede Hektik und geben Sie dem Kleinen die Möglichkeit, Vertrauen zu seiner Familie aufzubauen. Verhindern Sie, daß Freunde und Nachbarn zum Knuddeln über ihn herfallen.
Hochheben. Sprechen Sie den Welpen an, bevor Sie ihn hochheben. Schieben Sie dann eine Hand unter seine Brust, die andere unters Hinterteil.
Nie am Nacken oder an den Vorderbeinen hochziehen. Das tut ihm weh.
Stammplatz. Zeigen Sie dem Kleinen gleich am ersten Tag seinen Stammplatz, ein vor Zugluft geschütztes und möglichst ruhiges Eckchen in Ihrer Wohnung. Von dort sollte er beobachten können, was sich um ihn herum ereignet, denn schließlich gehört er nun zur Familie.
Raffiniert, wie er ist, hat er vielleicht bereits einen Sessel, das Sofa oder gar Ihr Bett bestiegen und es sich dort bequem gemacht. Wenn Sie ihm das nicht sofort verbieten, haben Sie beim Kräftemessen um Ihren ersten Erziehungsgrundsatz in Sachen Stammplatz schon verloren.

Bei Ausflügen ins Grüne und auf Spaziergängen kann der Hund neue Eindrücke sammeln.

Die ersten Nächte

Lassen Sie den Hund in den ersten Nächten nicht allein schlafen. Schließlich mußte er das bis jetzt noch nie, und spätestens jetzt wird er Mutter und Geschwister vermissen, kläglich weinen und alle wachhalten. Stellen Sie seinen Korb neben Ihr Bett und legen Sie ein altes Kleidungsstück hinein. Der ihm bald vertraute Geruch nach Herrchen oder Frauchen strahlt Sicherheit aus. Zudem hört der Welpe Sie atmen, fühlt sich nicht allein und schläft zufrieden.

Kommen Sie aber nicht auf die Idee, ihn in der ersten Nacht in Ihr Bett zu nehmen. Sie müssen es sonst für den Rest seines Lebens tun, denn der Hund begreift nicht, warum er gestern ins Bett durfte und heute nicht. Wenn er Sie weckt, führen Sie ihn hinaus – er muß ja stubenrein werden – und streicheln Sie ihn danach, bis er wieder einschläft. Im Laufe der Tage wird der Welpe immer selbstbewußter. Dann sollte sein Korb an den vorgesehenen Platz wandern.

So süß und knuddelig ein Welpe aussieht, vergessen Sie nicht, ihn frühzeitig zu erziehen. Unarten lassen sich später beim erwachsenen Hund nur schwer oder nicht mehr abgewöhnen.

Früherziehung ist wichtig

Die Früherziehung ist wichtig, sonst haben Sie einen Hund, der Ihnen auf der Nase herumtanzt.

<u>Stubenreinheit:</u> Beginnen Sie schon in den ersten Tagen mit der Erziehung zur Stubenreinheit. Gehen Sie grundsätzlich nach jeder Mahlzeit und jedem Schläfchen mit dem Hund »Gassi«. Loben Sie ihn, sobald er sein Pfützchen, seine Wurst gemacht hat. Wenn er zeigt, daß er mal »muß«, führen Sie ihn gleich nach draußen (→ PRAXIS Seite 26). Bitte nicht strafen, wenn etwas danebengeht. Säubern Sie die Stelle mit Zitrusduft-Reiniger. Der für Hundenasen unangenehme Geruch schützt vor Wiederholung. Es kann 3 bis 4 Wochen dauern, bis Ihr Welpe stubenrein ist.

Mein Tip: Stellen Sie in den ersten Tagen eine Katzentoilette auf oder legen Sie eine Ecke dick mit Zeitungspapier aus. Hier gilt ebenfalls: Draufsetzen und nach Vollzug loben. Spätestens nach einer Woche Toilette oder Zeitung mit ins Freie nehmen, bis der Welpe den Umzug verinnerlicht hat.

<u>Gute »Tischmanieren«:</u> Damit Sie sich nicht viele Jahre mit einem penetrant am Tisch bettelnden Hund herumärgern müssen, ist es wichtig, ihm so früh wie möglich beizubringen, wo die Grenze ist zwischen seinem Napf und Ihrem Essen. Füttern Sie deswegen bereits den Welpen regelmäßig vor den eigenen Mahlzeiten und verweigern Sie strikt selbst den kleinsten Happen vom Tisch.

Warum Welpen nicht alles dürfen

Ein junger Hund muß genau wie ein Kind lernen, was er darf und was nicht. Im Rudel ist es zuerst die Mutter, die ihn erzieht, dann zeigen ihm die älteren Tiere seine Grenzen. Geführt wird das Rudel vom Leitwolf, dem stärksten und klügsten Tier. Zudem herrscht eine strenge Rangordnung, der sich alle Mitglieder bedingungslos zu unterwerfen haben.

Diese Rolle übernehmen bei Ihrem Pudel nun Sie. Der etwa acht Wochen alte Welpe, der sich in der Phase der sozialen Einordnung befindet, wird immer wieder versuchen, die Grenzen des Erlaubten abzutasten und zu durchbrechen. Ihr Lob und Ihr Tadel zeigen ihm, was er darf und was nicht. Und schon jetzt sollte für ihn alles tabu sein, was Sie vom erwachsenen Hund auf keinen Fall erwarten. Im Bett schlafen, bei Tisch betteln, an Kleidung und Schuhen zerren, an Türen kratzen, hochspringen, ablecken, auf der Straße nicht folgen sind alles Sünden, die man dem Welpen beizeiten abgewöhnen muß.

Ihren Hund erziehen Sie mit der Stimme. Nicht die Lautstärke spielt dabei eine Rolle, sondern der Tonfall. An ihm erkennt der Hund sehr schnell, ob Sie ihn loben oder tadeln. Wichtig ist, daß sich alle Familienmitglieder auf dieselben Worte einigen und sich auch daran halten. Konsequenz heißt die Devise. Intelligent, wie der Pudel ist, hat er sehr schnell heraus, wo die »Schwachstellen« sitzen, wenn es darum geht, seinen Willen durchzusetzen.

Zwischen dem vierten und sechsten Lebensmonat, wenn die Kräfte des jungen Hundes gewachsen sind, wird die Rangordnung noch einmal in Frage gestellt. Jetzt fühlt er sich stark genug, seine Stellung im Familienrudel zu verbessern, und führt sich flegelhaft auf. Da müssen Sie ihm immer wieder unmißverständlich klarmachen, daß Sie der Stärkere sind. Nicht mit Schlägen, sondern mit eindeutigen Regeln und Anweisungen. Packen Sie ihn höchstens – wie es ein Leitwolf machen würde – am Nackenfell und schütteln Sie ihn kurz.

Das gehört zur Hunde-Ausstattung

Die komplette Ausstattung für Ihren Hund sollte schon vor seiner Ankunft in Ihrer Wohnung bereitstehen.

Der Schlafkorb muß so groß sein, daß auch der ausgewachsene Hund bequem darin Platz findet. Gern haben Pudel einen höhlenähnlichen Schlafplatz. Geeignet sind Körbe aus Weidengeflecht (Vorsicht, daß er es nicht zerbeißt und sich daran verletzt), die der Zoofachhandel bereithält. Wichtig ist der zugfreie Standplatz, wo der Hund sich geborgen fühlt und alles beobachten kann. Die Unterlage (möglichst waschbar) sollte wärmend, aber nicht zu weich sein.

Näpfe, einen für Futter und einen für Wasser, müssen leicht zu reinigen sein. Bewährt haben sich für Hängeohrige die sich konisch nach oben verjüngenden Spezialnäpfe. Dadurch wird verhindert, daß Ihr Pudel seine hübsch gekämmten Ohren bei jeder Mahlzeit bekleckert. Die Näpfe sollten auf einer rutschfesten Unterlage stehen und dürfen nicht kippen.

Als Halsband wählen Sie ein gefüttertes Lederhalsband. Für den jungen Pudel sollte es geschmeidig und nicht zu breit sein. Solange er beim Spaziergang noch ungestüm zieht, empfiehlt sich ein Brustgeschirr.

Als Leine ist für den Welpen eine mit Aufrollautomatik sinnvoll. Sie ermöglicht ihm beim Spazierengehen einen großen Bewegungsspielraum. Man kann die Leine kurzhalten oder mehrere Meter abrollen lassen. Für den ausgewachsenen Pudel genügt die normale, nicht zu kurze Hundeleine.

Ein Anhänger mit den Namen von Hund und Besitzer samt Adresse und Telefonnummer sollte immer am Halsband des Hundes befestigt sein.

Fellpflege-Utensilien sind beim Pudel besonders wichtig. Ein halb eng-, halb weitzinkiger Metallkamm, eine luftgepolsterte Stahl- und eine Naturborstenbürste gehören zur Grundausstattung. Diese Produkte erhalten Sie im Zoofachhandel. Was sonst noch zur Fellpflege notwendig ist, lesen Sie auf den Seiten 36 bis 39.

Als Spielzeug eignen sich bißfeste Gegenstände aus Vollgummi oder Büffelhaut. Sie splittern nicht, bieten Spielspaß über lange Zeit und sind gleichzeitig bestes Training fürs Gebiß. Spielutensilien aus Weich- und Leichtplastik zerlegt ein Welpe im Handumdrehen in kleine Stücke und verschluckt sie womöglich. Sie haben in einem Hunde-Haushalt nichts zu suchen, ebenso keine Metallgegenstände. Die besondere Vorliebe für einen alten Schuh sollten Sie Ihrem kleinen Hund lassen, selbst wenn es dann erfahrungsgemäß schwerfällt, ihm das Interesse an Schuhen neueren Datums auszureden.

Den Pudel verstehen lernen

Trotz der langen Gemeinschaft mit dem Menschen hat der Hund viele Verhaltensweisen seines Vorfahren, des Wolfs, beibehalten. Wie einst braucht er sein Rudel und ordnet sich einem Leittier unter. Susi fühlte sich in unserer großen Familie hauptsächlich dann »pudelwohl«, wenn alle da waren. Intelligent, wie sie war, wußte sie, was sie von jedem einzelnen zu erwarten hatte, auf mich als ihr Frauchen hörte sie indessen ohne Einschränkung.

Mit der Nase »sehen«

Der Hund erlebt die Welt mit seinem Riechorgan. Damit erschließt sie sich ihm in einem Reichtum, den wir Menschen mit unserem unterentwickelten Geruchssinn kaum erahnen können. Alle Dinge haben ihren eigenen Geruch, der sich jedem Ereignis als Spur aufprägt, und der Hund »liest« darin und versorgt sich so mit Informationen aller Art. Natürlich muß er dazu Gelegenheit haben, das heißt er braucht Abwechslung, engen Kontakt zum Menschen und zu seinen Artgenossen. Wenn sich zwei Hunde treffen, die sich noch nicht näher kennen, hat nach ihren Regeln die Kontaktaufnahme zunächst Nase an Nase zu erfolgen. Dann beschnüffeln sie sich gegenseitig am Hinterteil und heben abwechselnd das Bein, damit der Partner den Duft, das heißt die Erkennungsmarke des anderen aufnehmen und sich merken kann. Unter dem Schwanz befinden sich nämlich Drüsen, die ganz persönliche Daten übermitteln. Bei diesem Ritual zeigt sich sehr bald, ob die beiden einander freundlich oder feindlich gesonnen beziehungsweise gar nicht aneinander interessiert sind.

Jeder Hund muß von klein auf die Chance zu solchen Kontakten haben, um den friedlichen Umgang mit Artgenossen zu üben. Es ist also grundfalsch, seinen Pudel ängstlich von jeglicher Hundebegegnung fernzuhalten. Wenn er keine Erfahrungen im Umgang mit seinesgleichen machen kann, wird er scheu, nervös und gereizt reagieren und womöglich zum »Angstbeißer« werden.

So »spricht« der Hund

Der Hund äußert sich in einer breiten Lautskala, vom Fiepen und Winseln über Bellen bis zum Heulen und Knurren, wobei noch allerlei Nuancen drinstecken. Somit verfügt er für jede Situation über eine ganz spezielle Lautäußerung, deren jeweilige Bedeutung Sie sicherlich bald zu unterscheiden wissen.

Bellen gibt es in vielerlei Ausdrucksformen: als helles, zum Mitspielen aufforderndes Bellen, wachsam-warnend oder grollend-wütend.

Knurren wird als Warnung eingesetzt. Ist sie sehr ernst gemeint, sträuben sich dem Hund die Haare, und er fletscht die Zähne.

Winseln und Fiepen ist die Sprache des Welpen, aber auch der erwachsene Hund gebraucht es im Sinne einer beschwichtigenden Demutshaltung oder als Hinweis auf dringende Bedürfnisse.

Das Heulen ist ein wölfisches Erbe. Meist stimmt der Hund es an, wenn er sich allein gelassen fühlt.

Ein bißchen klein ist er ja noch, um die Welt ganz allein mit der Nase zu »sehen«.

Bei einer Hundebegegnung kommt nach dem Nasenkontakt die Analkontrolle.

Die Körpersprache

Auch mit dem Körper signalisiert der Hund, in welcher Stimmung er sich befindet.

<u>Die Signale der Rute.</u> Wedeln ist ein Zeichen freudiger Erregung. Je heftiger der Pudel wedelt, desto mehr freut er sich. Trägt er seine Rute locker, drückt er Entspannung, Zufriedenheit aus. Eine steil nach oben gerichtete Rute signalisiert höchste Erregung und Aufmerksamkeit, die eingezogene Rute Angst und Unsicherheit. All das kann man auch ku-
pierten Hunden, wie der Pudel einer ist, ansehen.

<u>Die Signale der Ohren.</u> Pudel, die Hängeohren haben, sind zwar gegenüber stehohrigen Rassen etwas im Nachteil, doch sie können durchaus ihre Ohren bewegen. Heben sie sie, bedeutet das Aufmerksamkeit. Zum Beispiel, wenn sie Herrchen oder Frauchens Auto aus allem anderen Krach herausgehört haben. Leicht nach hinten gedrehte Ohren signalisieren meist Vorsicht und Abwarten.

Der Pudel verhält sich grundsätzlich genauso wie alle anderen Hunde auch. Mit dem Körper drückt er aus, wie ihm zumute ist. Hörbar wird die jeweilige Stimmung, indem er Laut gibt. Mit den folgenden Beschreibungen möchte ich Ihren Blick für das Verhalten Ihres Pudels schärfen, damit es mit der Hund-zu-Mensch-Verständigung auch wirklich klappt.

»Ich muß mal«
Zeichnung 1
Jeder Welpe kündigt auf seine Weise an, wenn er dringend muß. Je aufmerksamer Sie ihn in dieser Zeit beobachten, desto schneller können Sie eingreifen. Die typischsten Verhaltensweisen sind
- wiederholtes Hinsetzen;
- aufgeregt herumlaufen und mit der Nase am Boden schnüffeln;
- sich im Kreis drehen, als ob sich der kleine Pudel in sein Schwänzchen beißen wollte;
- an der Tür stehen (weil er den Weg schon kennt) und Sie bittend ansehen;
- wiederholt mit der Nase ans Bein stupsen.

Schuld ohne Reue
Junge Hunde sind ungeheuer neugierig. Dabei machen sie Erfahrungen und werden selbstsicherer. Ihrem kleinen Pudel sollten Sie jedoch schon früh zeigen, wo für ihn die Grenzen seiner

1 | Aufgeregtes Herumlaufen, dabei Nase schnüffelnd am Boden bedeutet oft: »Ich muß mal.«

Entdeckungsreisen durch Haus und Garten sonst. Sonst tanzt er Ihnen, intelligent wie er ist, bald auf der Nase herum. Auch ein junger Hund weiß sehr genau, was er darf und was nicht. Verbotenes reizt aber nur zu oft. Ertappt man den Sünder, zeigt er sein schlechtes Gewissen. Schuldbewußt preßt er sich flach auf den Boden und versucht sich so klein wie möglich zu machen, so als sei er gar nicht da. Oder er ergibt sich in demutsvoller Seitenbeziehungsweise Rückenlage mit eingekniffenem Schwänzchen und abgewandtem Blick.
Wer kann angesichts eines solch rührenden Schuldeingeständnisses schon widerstehen? Das sollten Sie aber. Auf die »böse Tat« muß sofort die Rüge folgen, sonst begreift der Hund die Zusammenhänge nicht. Zudem steht dem reuigen Missetäter, kaum daß Sie ihm den Rücken zugedreht haben, der Sinn bereits nach neuen Untaten. Den Trick, Sie gnädig zu stimmen, beherrscht er ja schließlich perfekt.

Nasenkontakte
Zeichnung 2
Ein Nasenstupser hat je nach Situation unterschiedliche Bedeutung:
- Mein Futternapf ist leer.
- Ich muß mal.
- Ich will gestreichelt werden.
Vor allem Welpen stupsen mit Wonne ihren Menschen mit der Nase und lecken über sein Gesicht (→ Körpersprache, Seite 25). Sie wollen damit ihre Zuneigung und Zärtlichkeit ausdrücken. Dazu gehört auch das Anspringen zur Begrüßung, einfach um seinem aufrecht stehenden Frauchen oder Herrchen möglichst nahe zu sein. Insgesamt setzt der Welpe seine Nase häufiger zu Kommunikationszwecken ein als der erwachsene Hund.

Auf den Rücken legen
Zeichnung 3
Der Hund legt sich auf den Rücken und bietet seine ungeschützte Kehle dar, wenn er seine Unterlegenheit zeigen will. Dies passiert hauptsächlich bei Rangordnungskämpfen. Begegnen sich

2 | Nasenstupser können unterschiedliche Bedeutungen haben.

zwei Hunde, die sich nicht sympathisch sind, zeigt sich das an der stillstehenden Rute, verhaltenem Knurren und hochgezogenen Lefzen. Stellen sich dazu die Haare an Nacken, Rücken und Schwanzwurzel auf, ist das die Aufforderung zum Kampf. Das sieht aber meist gefährlicher aus, als es ist. Sobald nämlich einer der Kämpfer aufgibt, indem er

3| Es ist ein Zeichen von Zutrauen, wenn sich der Pudel vor seinem Menschen auf den Rücken legt.

sich, wie oben beschrieben, verhält, ist das Duell augenblicklich entschieden und somit beendet. Macht der Hund bei seinem Menschen diese Geste, hat das auch Ergebenheitscharakter (→ Schuld ohne Reue, links). Manchmal ist es ein Zeichen großen Zutrauens, das Sie mit Streicheln quittieren sollten. <u>Hinweis:</u> Leider gibt es auch unter Vierbeinern verhaltensgestörte Außenseiter, die die ererbten Hunderegeln über den Haufen werfen. Sie beißen manchmal sogar Welpen, wozu sich ein normaler Hund niemals hinreißen ließe.

Imponieren

Bei einer Hundebegegnung wird unter anderem auch die Rangordnung geregelt. Die zeigen das sogenannte Imponierverhalten, was soviel heißt wie Angeben, Eindruck schinden. Dabei machen sie sich optisch größer, indem sie die Beine durchdrücken, ihre Haare sträuben und mit gefletschten Zähnen steifbeinig umeinander herumgehen. Damit soll der Gegner eingeschüchtert und zum Rückzug veranlaßt werden. Oft genügt demjenigen, der am stärksten übertreiben kann, dies alles schon, um als »Sieger« dazustehen. Es muß also nicht im Kampf entschieden werden, wer tatsächlich der Stärkere ist.

Einladung zum Spiel
Zeichnung 4
Hundegeschwister spielen den lieben langen Tag miteinander, bis sie vor Müdigkeit umfallen. Allein mit Ihnen braucht der Pudel Sie als Spielpartner, und zwar ebenso nötig wie sein Futter und seine Streicheleinheiten. Und so fordert er Sie zur Spielstunde auf:
• Er legt sich nur mit den Vorderbeinen auf den Boden, das

4| »Spiel mit mir« heißt es, wenn Ihr Pudel diese Haltung einnimmt und Sie mit blitzenden Augen hell anbellt.

Rumpfende ist aufgerichtet. Dabei bellt er hell mit hocherhobenem Kopf, auffordernd blitzenden Augen, tänzelnden Hinterbeinen und freudig wedelndem Schwanz. Diese für den erwachsenen Pudel typische Haltung wirkt beim Welpen noch etwas tolpatschig.
• Knurren beim Bewachen eines Spielzeugs. Der Pudel schützt ihn zwar mit Pfote oder Körper, hebt dabei jedoch immer wieder erwartungsvoll den Kopf, was soviel heißt wie: »Versuch doch mal, mir den Kauknochen wegzunehmen.« Läßt man sich vom Knurren abschrecken, ist der Pudel sichtlich frustriert. Welpen lieben auch die wilde Hatz durch die Wohnung. Knurrend umkreist der kleine Pudel den Spielpartner in der Hoffnung, daß der bald mitmacht. Passiert nichts, bleibt er stehen, lauthals bellend und erkennbar entrüstet.
<u>Hinweis:</u> Pudel spielen selbst in gesetztem Alter noch für ihr Leben gern. Zum Beispiel werden sie nicht müde, Herrchen oder Frauchen beim Spazierengehen immer wieder zum Apportierspiel aufzufordern (→ Seite 34).

Gesichtsausdruck. Selbst bei üppiger Behaarung kann man dem Pudel meist schon an den Augen ablesen, ob er lustig, zufrieden, schlecht gelaunt oder verärgert ist. Auch Fang, Lefzen und Zunge sind am Gesichtsausdruck beteiligt. Meine Susi zeigte ihre Sympathie sogar durch ein gewisses »Lächeln«, indem sie die Lefzen weit nach hinten zog und die Zähne entblößte.

Gesicht ablecken. Wenn der Pudel Sie übers Gesicht leckt – was nicht jedermanns Sache ist –, will er Ihnen zeigen, daß er Sie liebt und als überlegenen Artgenossen anerkennt. Es ist eine aus der Welpenzeit überkommene Geste, mit der die Jungen ihre Mutter begrüßen und Nahrung erbetteln. Wenn es Sie stört, drehen Sie Ihren Kopf weg, sagen Sie Ihrem Hund etwas Nettes, aber schimpfen Sie nicht.

Pfötchen geben. Diese Geste ist nichts anderes als die Weiterentwicklung des Milchtritts. Um den Milchfluß anzuregen, treten die Welpen gegen die Zitzen der Mutter. Mit dem Pfötchengeben möchte der Hund Sie zum Spielen und Spazierengehen auffordern oder Sie beschwichtigen.

Scharren und Graben. Als Erbe aus der wölfischen Vergangenheit überkommen ist das Vergraben von Knochen, das die meisten Hunde mit Wonne machen. Dieses Vorratanlegen für schlechte Zeiten konnten sie bis heute nicht ablegen, auch wenn sie als unsere Hausgenossen keinerlei Hungersnöte zu befürchten haben. Gelegentlich scharrte Susi ohne irgendwelchen Anlaß sogar auf dem glatten Küchenboden.

Markieren. Der Rüde hebt sein Bein nicht nur zum Entleeren der Blase, sondern viel öfter, um das von ihm beanspruchte Gebiet mit kleinen Urinspritzern zu kennzeichnen beziehungsweise die Visitenkarte des Vorgängers mit der eigenen Duftnote zu überdecken. Dieses Ritual stärkt sein Selbstbewußtsein. Hündinnen markieren normalerweise nicht. Nur wenn sie läufig sind, setzen sie Urin als Duftmarke ab, um Rüden anzulocken. Lassen Sie Ihren Pudelherrn beim Spaziergang ausgiebig schnüffeln. Nur so erfährt er, was sich in seiner Umgebung so tut.

Hundestreitigkeiten

Hunde können aus den verschiedensten Motiven in Streit geraten: Neid, Eifersucht, Machtkämpfe um die Rangordnung, Freude an der eigenen Überlegenheit oder Bestrafung eines untergeordneten Hundes. Immer laufen diese Kämpfe nach dem gleichen Ritual ab. Zuerst zeigt man sich durch Drohgesten und Knurren, daß man zum Kampf bereit ist. Jeder Hund bildet sich nämlich ein, dem anderen überlegen zu sein, so daß nur noch im Kampf entschieden werden kann, wer nun wirklich der Stärkere ist. Alsdann beginnen wie bei einem Ritterturnier die Kampfhandlungen. Die Hunde greifen sich an, fassen sich an den Vorderpfoten, beißen sich in

Der Rüde hebt das Bein, um sein Revier zu markieren.

Mit dieser Haltung fordert der Pudel seinen Herrn zum Spielen auf.

Als Pudelbesitzer finden Sie sicher schnell heraus, in welcher Stimmung Ihr Hund ist oder was er Ihnen sagen will. Aber auch das Wissen um seine angeborenen Verhaltensweisen ist ein Schlüssel zum besseren Verständnis zwischen Ihnen und Ihrem Pudel.

Schulter und Nacken und knurren wild und erregend. Dies steigert sich so lange, bis das Kräfteverhältnis klargestellt ist, man sich verwundet hat. Ist die Widerstandskraft mehr oder weniger erlahmt, hören beide Kontrahenten entweder schlagartig auf, oder aber der Unterlegene bietet seine ungeschützte Kehle dar und zeigt seine Unterwerfung an. Durch diese Geste der Unterlegenheit wird der Sieger in der Regel am Zubeißen gehemmt, womit der Kampf beendet ist (→ PRAXIS Verhalten, Seite 26/27).

Leider gibt es Hunde, deren Motiv reine Rauflust ist. Sie halten sich kaum an das eben beschriebene Ritual, und wenn sie dazu noch hochgradig hysterisch und neurotisch sind, versagt bei ihnen sogar die Tötungshemmung. Solche notorischen Raufer sollte man tunlichst hinter Schloß und Riegel halten. Ob ihnen mit einer Verhaltenstherapie zu helfen ist, muß der Fachmann entscheiden (→ Bücher, die weiterhelfen, Seite 63). Wie aber verhalten Sie sich bei solchen Auseinandersetzungen? Hier einige Tips:

• Nicht an die Hunde herantreten, wenn sie sich bereits feindlich gegenüberstehen. Der eigene bekommt dadurch Oberwasser, und die Beißerei beginnt unmittelbar. Beide Hundebesitzer sollten sich zurückziehen und die Kämpfer durch Pfiffe zurückrufen.

• Nie mit Stöcken oder Leinen auf die Hunde einschlagen. Dadurch wird der Kampf nur heftiger.

• Den Hund nicht am Halsband packen, Sie könnten sonst gebissen werden. Ergreifen Sie ihn an Rute und Hinterlauf (bei kupierter Rute an beiden Hinterläufen) und ziehen Sie ihn in die Höhe. Danach den Hund hinsetzen lassen und ihn beruhigen.

Erziehung – sanft, aber konsequent

Der Pudel ist ein höchst gelehriger Geselle und läßt sich sehr leicht erziehen. Es ist auch nicht schwer, ihm allerlei Kunststückchen beizubringen, die er willig, ja sogar freudig ausführt. Meine Zwergpudelhündin Susi hatte im Nu heraus, was zu tun war, um mir die Zeitung, die jeden Morgen vor der Wohnungstür lag, zu bringen. Auf die Klinke springen, Tür mit der Schnauze aufstoßen, Zeitung hereinholen, Tür wieder zudrücken, Zeitung hoch erhobenen Kopfes apportieren.

Als sie allerdings begriffen hatte, daß sie ihre Aufgabe bereits ab vier Uhr früh erledigen konnte (um diese Zeit wurde die Zeitung gebracht), war es mit meiner Nachtruhe vorbei. Die Zeitung einfach still vorm Bett ablegen wollte ihr gar nicht einleuchten.

Natürliche Verhaltensweisen nutzen

Es macht Freude zu erleben, wie leicht der junge Pudel lernt. Hinzu kommt sein reizendes Aussehen und sein liebenswürdiges und anschmiegsames Wesen. Da fällt es manchmal schwer, konsequent zu bleiben und ihm zu zeigen, daß er Ihren Befehlen folgen muß. Schon jetzt sollten Sie klare Entscheidungen treffen und sich daran halten, also nicht heute etwas gestatten, was Sie morgen wieder verbieten. Abgesehen von den Unannehmlichkeiten, die Ihnen ein unerzogener Hund bereitet, gefährdet er nämlich auch sich und seine Umwelt, zum Beispiel durch undiszipliniertes Verhalten auf der Straße. Die Erziehung Ihres Pudels ist an sich ein Kinderspiel.

- Nutzen Sie seine natürlichen Verhaltensweisen.
- Erziehen Sie ihn sanft, aber konsequent. Befehl und Gehorsam sind das Fundament für ein konfliktfreies Zusammenleben. Üben Sie keinen Zwang aus. Schläge sind verpönt.
- Überfordern Sie den Hund nicht, legen Sie beim Lernen immer wieder Pausen ein.

Das Kommando »Sitz« lernt der Pudel leicht. Halten Sie ihn an der Leine und drücken Sie mit der Hand sein Hinterteil sanft nach unten. Wenn er sitzen bleibt, loben Sie ihn mit den Worten »Braver Hund, sitz«.

Was der Pudel nicht darf

1. Unnötig bellen. Gewöhnen Sie es dem Welpen erst gar nicht an. Zeigen Sie ihm also nicht, daß Bellen eine besondere Leistung ist, mit der er Aufmerksamkeit erregen kann. Wenn der junge Hund bellt, um etwas zu melden, erlauben Sie ihm einmaliges Anschlagen. Weiteres Bellen mit »Pfui« quittieren. Sobald er aufhört, ihn loben, damit er merkt, daß seine Wachsamkeit geschätzt wird, mehr aber auch nicht.

2. Anspringen. Ein Hund springt hoch, um seine Zuneigung zu äußern. Den Betroffenen ist das nicht immer angenehm, zumal die Pfoten oft deutliche Spuren hinterlassen. Rufen Sie »Pfui«, halten sie dem Pudel abwehrend die Hand entgegen und lassen Sie ihn sich setzen. Nur Pfötchengeben ist gestattet. Dafür wird er sehr gelobt und gestreichelt.

3. Betteln bei Tisch. Bei jeder Mahlzeit gehört der Hund unbeweglich auf seinen Platz.

4. Stehlen. Ein gelehriger und intelligenter Pudel hat schnell heraus, wie er an das frisch gekaufte Hackfleisch kommen kann. Diese Fertigkeit sollten Sie ihm rasch und gründlich abgewöhnen. Legen Sie es so an, daß Sie ihn auf frischer Tat ertappen. Leinen Sie ihn vor dem jetzt unerreichbaren Diebesgut an und schimpfen Sie ihn mit kräftigem »Pfui« aus.

5. Aufreiten. Der Klammergriff am Bein ist für Sie und Ihre Gäste unangenehm. Versuchen Sie die Neigung mit scharfem »Pfui« und »Nein« zu unterbinden. Leinen Sie den Hund nach jedem Vorfall an und beachten Sie ihn eine Zeitlang nicht.

Lernziele

Die »Grundschule« des Pudels beginnt, sobald der Welpe ins Haus kommt. Und das sind die Lernziele, die er, spätestens bis er ausgewachsen ist, beherrschen sollte:

1. Stubenreinheit (→ Seite 21).
2. Auf seinen Namen hören.
3. An der Leine bei Fuß gehen.
4. Die Anweisungen »Komm«, »Sitz«, »Platz«, »Steh«, »Aus« und »Bei Fuß« befolgen.
5. Manierliches Verhalten in der Wohnung und in fremden Räumen, zum Beispiel in Gaststätten.
6. Diszipliniertes Verhalten beim Autofahren und in öffentlichen Verkehrsmitteln. Aussteigen (angeleint!) nur auf Befehl.
7. Nicht betteln und nichts von Fremden annehmen.

Schritt für Schritt zum Erfolg

Die Kunst der Erziehung besteht darin, dem Pudel verständlich zu machen, was Sie von ihm wollen. Allgemein gilt folgendes:

• Üben Sie mit ihm täglich, aber jeweils nur so lange, wie er mit Begeisterung bei der Sache ist.
• Nutzen Sie die Tageszeiten aus, während denen der junge Hund besonders aufmerksam und aufnahmefähig ist.

»Sitz« macht dieser Großpudel hier auf Kommando.

- Konsequenz und Wiederholung der Übung sichern den Erfolg.
- Loben und streicheln Sie den Hund sofort, wenn er etwas richtig gemacht hat.
- Beginnen Sie erst dann mit der nächsten Übung, wenn der letzte Ausbildungspunkt verläßlich sitzt.
- Machen Sie dem jungen Pudel Ihre Wünsche durch einfache, stets gleiche Worte und Gesten klar. Nicht die Lautstärke, sondern der Tonfall ist dabei wichtig.

- Auf die »böse Tat« muß sofort die Rüge kommen, sonst versteht der Hund die Zusammenhänge nicht.

Die wichtigsten Übungen und Kommandos

Leinenführigkeit: Man fängt mit dem Halsband an und legt dem Hund das ungewohnte Ding zunächst spielerisch um. Sträubt er sich dagegen, nicht aus der Ruhe bringen lassen, sondern ihn streicheln und ablenken. Die Prozedur mehrmals am Tag wiederholen. Die Gewöhnung an die Leine (mit Aufrollautomatik) erfolgt in vertrauter Umgebung, in der Wohnung und im Garten. An der langen Leine laufen lassen und zwischendurch immer mal wieder kurz nehmen. Wenn der Hund stehenbleibt und bockt, nicht daran reißen oder ihn hinter sich herzerren. Vielmehr selbst stehenbleiben und ihn locken, bis er kommt. Das kann fünf Minuten dauern. Tapst er auf Sie zu, loben Sie ihn. Danach wieder ein Stück an der langen Leine laufen lassen. Dies in jeder Übungsphase mehrmals wiederholen, wobei die Strecke, die der Hund an der kurz gehaltenen Leine läuft, immer länger wird.

Sitz: Streicheln Sie Ihren Hund. Sprechen Sie dann das Kommando »Sitz«. Dabei halten Sie mit der rechten Hand seinen Kopf hoch und drücken mit der linken sanft, aber bestimmt sein Hinterteil nach unten. Loben Sie ihn, wenn er sitzen bleibt. Das Kommando drei- bis viermal wiederholen, erst am nächsten Tag erneut üben.

Komm: Üben Sie zuerst in der Wohnung. Legen Sie dem Pudel die lange Leine an, sagen Sie »Komm« und ziehen ihn dabei vorsichtig, aber bestimmt zu sich heran. Die Übung immer mit einem Lob abschließen. Ein Belohnungshäppchen wirkt verstärkend, und sehr schnell wird dem Hund klar, auch ohne daß man ihn an der Leine zieht, daß er bei diesem Kommando sofort zu Ihnen gehen muß. Erst wenn sie klappt, die Übung nach draußen verlegen. Können Sie sich darauf verlassen, daß der Hund auf Ihr Kommando hört, haben Sie ihn in jeder Situation unter Kontrolle.

<u>Häufigste Fehler bei dieser Übung:</u>
• Wenn der Hund wegläuft, hinter ihm herhecheln und ihn dauernd rufen. Sie sind dann nur mehr eine Geräuschbelästigung für ihn.

• Tadel und Strafe nach seiner Rückkehr. Er würde sich nämlich für das Kommen, für das er bisher immer gelobt wurde, bestraft fühlen. Daß er ungehorsam war und durchgebrannt ist, liegt für seinen Hundeverstand schon viel zu weit zurück. Und wenn es Ihnen noch so gegen den Strich geht, es bleibt Ihnen gar nichts anderes übrig, als den »Heimkehrer« für sein Kommen zu loben. Halten Sie aber an Ihren Erziehungsprinzipien fest.

<u>Platz:</u> Bei diesem Kommando soll sich der Hund niederlegen. Drücken Sie ihn, während Sie »Platz« sagen, gleichzeitig an Nacken und Hinterteil nieder, bis er sich hinlegen muß. Ihn ganz besonders loben und dann erst wieder aufspringen lassen.

<u>Bleib:</u> Dieses Kommando bedeutet dem Hund, daß er Ihnen nicht folgen darf, bis Sie den Befehl durch »Komm« wieder aufheben. Lassen Sie ihn sich hinsetzen oder niederlegen und geben Sie gleichzeitig das Kommando »Bleib«, während Sie sich ganz langsam entfernen. Ihm dabei abwehrend die Handfläche entgegenstrecken. Erst nachdem Sie »Komm« gesagt haben, ihn für sein folgsames Ausharren loben. Keine leichte Übung, aber vielleicht macht es dem gelehrigen Pudel am nächsten Tag schon Spaß, diesen Befehl zu befolgen – und auch alle anderen, die er inzwischen gelernt hat.

Loben Sie den Hund sofort, wenn er etwas richtig gemacht hat.

<u>Pfui und Aus:</u> Diese Befehle sollen dem Pudel zeigen, daß er bestimmte Dinge unterlassen muß. Grundsätzlich nur dann schimpfen, wenn Sie ihn auf frischer Tat ertappen. Laut »Pfui« oder »Aus« sagen und ihn dabei am Nackenfell kräftig schütteln. Wenn Sie ihm etwas Verbotenes aus dem Maul nehmen wollen, an der Schnauze packen und ihm dabei leicht die Lefzen gegen die Zähne drücken. Läßt er auf »Pfui« oder »Aus« den Gegenstand fallen, wird er gelobt.

PRAXIS
Spielen

Der Pudel ist ein fröhlicher, intelligenter und gelehriger Hund. Er lernt nicht nur erstaunlich schnell, er liebt es geradezu, artistische Kunststückchen zu vollbringen. Ja, man kann sagen, es macht ihm Spaß, die ihm gestellten Aufgaben zu erfüllen. So halten Sie ihn agil und »geistig« fit. Sie überfordern ihn damit auch nicht. Das Problem der meisten Hunde ist heutzutage eher die Unterforderung. In seinem jetzigen Leben ist der Pudel sozusagen arbeitslos, während seine Vorfahren als Wasserjagdhunde einige Leistungen zu vollbringen hatten.

Über Stöckchen springen
Zeichnung 1 und 4
Auf allen vieren über das Stöckchen zu springen ist für einen Pudel kinderleicht. Halten Sie es vor ihn hin, locken Sie ihn mit einem Leckerli und geben dabei das Kommando »Hopp«. Bei jedem

1 | Über ein Stöckchen springen ist für den Pudel eine leichte Übung.

Sprung das Stöckchen ein wenig höher halten.
Auf zwei Beinen ist schon ein wenig schwieriger, doch für den Pudel kein Problem. Üben Sie erst Männchen machen, dann, verbunden mit dem Kommando »Hopp«, Hüpfen nach einem Leckerli. Nach einer Weile das Stöckchen so hinhalten, daß der Pudel während des Hochhüpfens

2 | Beim Apportieren wird im Pudel wieder sein Jagdhundcharakter wach. Beim Stöckchenwerfen darauf achten, daß sich der Hund nicht am Holz verletzen kann.

darüberspringt. Üben Sie das ein paar Tage, bis er es ohne den Leckerbissen tut, einfach weil es ihm Spaß macht.
Mit ein wenig Geduld kann man dem Pudel auch noch schwierigere Kunststückchen beibringen, etwa abwechselnd auf den Hinter- und Vorderbeinen laufen und über Stöckchen springen, im Kreis tanzen oder Salto rückwärts. Er wird Ihre Wünsche gern und voller Freude erfüllen.

Apportieren
Zeichnung 2
Apportieren ist eine der liebsten Beschäftigungen des Pudels, denn es liegt ihm noch aus der Zeit seines einstigen Jagdhund-Daseins im Blut. Es ist also gar

nicht schwierig, ihn das Bringen von allerlei Gegenständen zu lehren. Werfen Sie dabei ein Stöckchen oder ein Spielzeug aus Vollgummi weit weg und geben Sie dem Pudel den Befehl »Bring«. Freudig wird er dem Gegenstand nachlaufen, ihn wie ein Beute packen und nach alter Jagdhundeart totschütteln. Richten Sie es so ein, daß der Hund über ein Hindernis, zum Beispiel über einen niedrigen Zaun (entsprechend der jeweiligen Pudelgröße) springen muß, wenn er das Stöckchen bringt. Mit dem Hergeben der Beute klappt es meistens nicht auf Anhieb. Nehmen Sie ihm das Stöckchen spielerisch, also möglichst gewaltlos und mit Hilfe des Kommandos »Aus« ab. Loben Sie ihn für das Hergeben und wiederholen Sie die Übung. Rasch wird Ihr Pudel die Spielregeln begriffen haben und Sie oft dazu auffordern. Sie können das Spiel noch variieren, indem Sie den Ball verstecken, während der Pudel sitzen bleiben muß. Gehen Sie dann zu ihm zurück und geben Sie das Kommando »Such«.

3 | Beim Agility muß der Pudel einen Hindernis-Parcours bewältigen.

Leistungssport mit dem Pudel

Wer mit seinem Hund Leistungssport betreiben will, wendet sich an den zuständigen Pudelklub (Adresse über die Zentralstellen → Seite 63). Dort erfährt er den nächstgelegenen Übungsplatz, wo er unter fachkundiger Anleitung seinen Hund ausbilden kann. Geübt wird einzeln und in der Gruppe. Vor allem die Gruppenarbeit spornt an, denn die Hunde schauen voneinander ab und lernen dadurch viel schneller. Es gibt drei Leistungsstufen, wobei die Übungen immer schwieriger werden. Dazu gehören: Apportieren, über Hürden springen, ablegen, warten, bis Herrchen oder Frauchen zurückkehren beziehungsweise ein Handzeichen zum Kommen geben oder Gegenstände bewachen und standhaft verteidigen.

Teil des Programms ist auch eine Nachtübung mit vorgetäuschtem Überfall. Bei verschiedenen Prüfungen kann man dann mit seinem Pudel Urkunden, Pokale und Sportabzeichen erringen.

Agility
Zeichnung 3

Bei dieser neuen Sportart, die aus England kommt und übersetzt soviel wie »Geschicklichkeit« bedeutet, bewältigt der Hund einen Hindernis-Parcours, während sein Besitzer neben ihm herläuft oder ebenfalls das Hindernis nimmt. Der Pudel muß zum Beispiel über Hürden oder durch Reifen springen, Stäbe im Slalom durchlaufen, über Wippen gehen, durch Tunnels aus Stoff kriechen oder über Balken balancieren.

Bei Agility-Wettbewerben tritt der Hund zusammen mit seinem Besitzer an.

Im Wettkampf sind Hindernisse in einer bestimmten Zeit und in einer erst kurz vor Beginn angekündigten Reihenfolge zu überwinden. Das erfordert Intelligenz und Anpassungsfähigkeit, schnelles Reaktionsvermögen und Vertrauen zwischen Mensch und Hund, darüber hinaus ist es Spiel und Spaß für alle, die daran teilnehmen.

4 | Das Hochspringen wird mit einem Leckerbissen geübt.

Flyball

Flyball heißt wörtlich übersetzt »Fliegball« und ist ein Mannschafts-Wettkampf für Hunde mit einfachen Regeln und raschen Aktionen. Er gelangte, wie könnte es anders sein, aus Amerika über England zu uns. Besonders daran ist, daß jeder Hund mitmachen darf, unabhängig von Alter und Rasse. Ein Zwergpudel kann also problemlos mit einem Schäferhund im Team sein.

Spielablauf: Zwei Mannschaften mit je vier Hunden gehen parallel an den Start. Die Bahnen bestehen aus einem 16-m-Parcours mit vier Hürden, wobei sich die Höhe der Hürden nach dem kleinsten springenden Hund im Team richtet. Am Ende der Laufstrecke steht die Flyball-Box (Ballwurfmaschine). Nach dem Startzeichen läuft der erste Hund los, überspringt die vier Hürden, gelangt zur Flyball-Box, tritt auf ein Pedal, fängt den herausgeschleuderten Tennisball auf und läuft die gleiche Strecke über die Hürden zurück zum Ziel. Jetzt startet der nächste Hund. Sieger-Team ist, wer die Staffel nach dreimaligem Durchgang als erster beendet hat.

Auch Flyball will geübt sein. Denn ohne Training steht selbst der gescheiteste Pudel erst einmal etwas dumm vor der Ballwurfmaschine. Doch wenn er es kapiert hat, ist der Spaß und die Spannung für Hund und Besitzer gleichermaßen groß. So wird dieser Sport, der in England und in den skandinavischen Ländern schon seit Jahren beliebt ist, sicherlich auch hierzulande seine begeisterten Anhänger finden.

Fellpflege und Schur

Wenn Sie Ihren Welpen vom Züchter abholen – in der Regel im Alter von acht bis zehn Wochen –, hat der ihm schon die erste Schur verpaßt. Dabei wird das Gesicht um Augen und Fang bis auf einen kleinen Bart ausgeschoren und unter dem Schwanz die Wolle weggeschnitten, damit keine Verklebungen und Entzündungen entstehen können. Ansonsten bleibt das Fell stehen. In diesem zarten Alter braucht der Welpe noch rundherum sein warmes Haarkleid.

Rechtzeitig daran gewöhnen

Das Kleid des Pudels muß jeden Tag gepflegt werden, nicht nur wegen der Schönheit, sondern auch wegen des Wohlergehens. Gewöhnen Sie Ihren Welpen also rechtzeitig daran, damit er sich bei dieser Prozedur auch brav verhält. Gehen Sie Schritt für Schritt vor und verlangen Sie nicht gleich alles auf einmal von ihm.

Vorbereitung: Der Pudel wird nicht auf dem Fußboden, sondern auf einem, nämlich seinem Tisch gekämmt und gebürstet. Dieser muß an einem hellen Platz stehen und darf nicht wackeln, sonst hält der Pudel nicht still. Wählen Sie eine rutschfeste Unterlage, auf der die Pudelfüße gut Halt finden. Weiter brauchen Sie eine Spezialbürste für Pudel und einen weitzinkigen Kamm. Ist der Kamm zu fein, zieht er, und dann wird es schwierig mit der Gewöhnung (→ PRAXIS Pflege, Seite 38/39).

Erziehung: Beginnen Sie damit gleich am Tag, nachdem der Welpe zu Ihnen gekommen ist. Und verwenden Sie immer dieselben Kommandos. Der Pudel muß sich während der Pflege auf dem Tisch gehorsam und ruhig verhalten. Ein Tier, das herumhampelt, sich hinsetzt, nach der Bürste schnappt, sie mit der Pfote festhält oder sonstigen Unsinn treibt, kann nervtötend sein.

• Nehmen Sie Ihren Kleinen auf den Arm und sagen Sie dabei jedesmal: »Jetzt wollen wir dich schönmachen.«

• Stellen Sie ihn auf den Tisch mit dem Kommando »Steh«. Loben und streicheln Sie ihn, wenn er stehen bleibt, beziehungsweise ermahnen Sie ihn immer wieder mit einem energischen »Steh!«

• Beim kleinen Welpen müssen Sie aufpassen, daß er nicht vom Tisch fällt oder springt. Er kann sich sonst böse verletzen. Stellen Sie ihn im Profil vor sich hin und halten Sie ihn zwischen den Vorderbeinen unter der Brust fest. Wenn Sie ihn umdrehen, um die andere Seite zu bürsten, halten Sie ihn zwischen den Hinterbeinen am Bauch fest.

• Solange er noch widerborstig ist, bürsten Sie sein Fell nur oberflächlich. Noch ist es ja nicht so dicht wie das Fell des erwachsenen Pudels.

• Wenn er geduldig stillhält, bürsten Sie ihn gegen den Strich, ohne dabei zu »rupfen«, und zwar so lange, bis das Haar glatt und geschmeidig geworden ist.

• Achten Sie darauf, daß keine Knoten und Verfilzungen zurückbleiben, sonst wird die nächste Haarpflege für Sie und Ihren Hund zur Qual.

Baden gehört zur Fellpflege. Erst wenn das Haar ordentlich gewaschen und gut getrocknet ist, sitzt auch die Frisur.

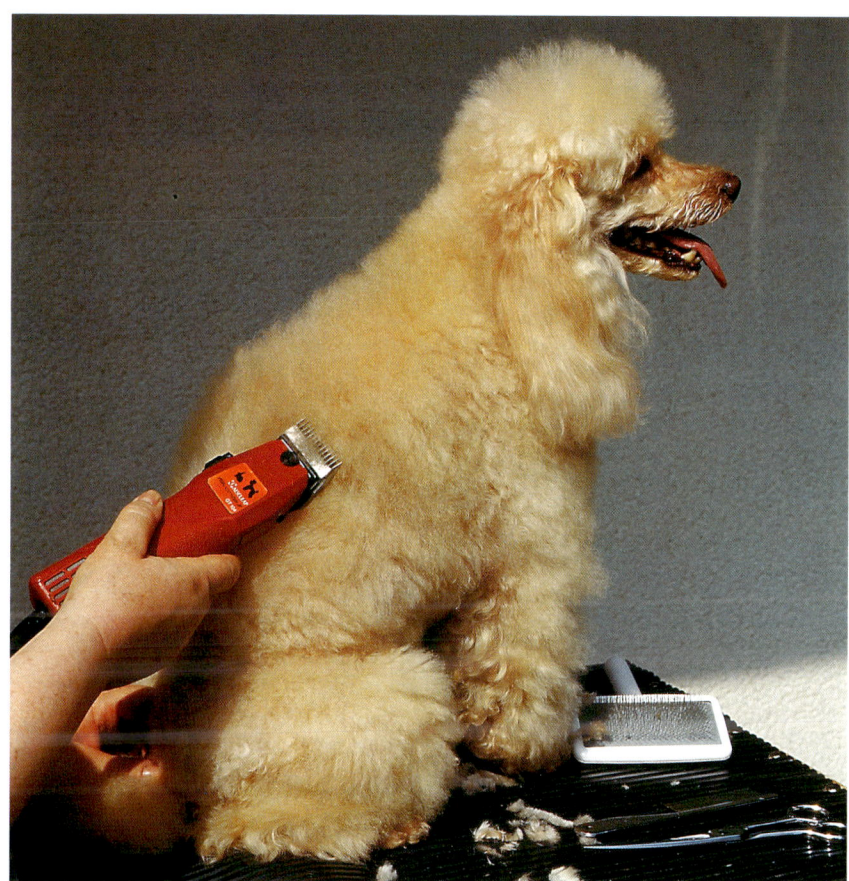

Beim Scheren muß darauf geachtet werden, daß die Haarlänge möglichst gleich bleibt.

Bürsten und Kämmen – das A und O der Fellpflege

Das dichte, wollige Haar des Pudels braucht tägliches Bürsten und Kämmen, sonst verfilzt es hoffnungslos. Es wird immer zuerst gebürstet, danach gekämmt. So lockern Sie das Haar, bevor Sie es mit dem Kamm behandeln. Die beste Technik sind kurze Striche mit der Bürste, um das Haar mehr anzuheben als zu glätten. Beim Kämmen zuerst den weitzinkigen, dann den engzinkigen Kamm verwenden. Zum guten Schluß muß das Haar so glatt und geschmeidig sein, daß Sie fast mühelos mit dem Hundekamm durchfahren können (→ PRAXIS Pflege, Seite 38/39).

Mein Tip: Legen Sie das Bürsten und Kämmen so, daß anschließend der Spaziergang angesagt ist, sozusagen als Belohnung. Dann verbindet der Hund ganz unwillkürlich das Nützliche mit dem Angenehmen und wird gern der Aufforderung zum »Schönmachen« Folge leisten.

Das wollige Haarkleid des Pudels will gepflegt sein. Alle 6 Wochen zum Nachschneiden des Fells ein Besuch beim Hundefriseur. Dazwischen täglich sorgfältiges Kämmen und Bürsten.

PRAXIS
Pflege

Die Fellpflege ist beim Pudel unerläßlich. Sein Haar muß täglich gebürstet und gekämmt und alle 6 Wochen geschnitten werden. Es ist dann überall so weit nachgewachsen, daß der Schnitt die Form verloren hat. Auch läßt sich durch das inzwischen schmutzig gewordene Haar mit Kamm und Bürste nicht mehr gut hindurchkommen.

Die Beschaffenheit des Haares muß beim Wollpudel nach dem Standard folgende Qualität aufweisen: Üppiges Haar von feiner Textur, wollig, gut gekräuselt, elastisch und dem Druck der Hand gut widerstehend. Es muß gleichmäßig lang, gelockt und vollkommen ausgekämmt sein. Hartes Haar, das sich wie Roßhaar anfühlt, ist unerwünscht.

Pflegeutensilien
Zeichnung 1
Um Ihrem Pudel die richtige Fellpflege angedeihen zu lassen, brauchen Sie geeignetes »Werkzeug«.

Das Kämmen besorgen Sie mit einem Metallkamm, der zur Hälfte eng, zur Hälfte weit gezähnt ist. Die Zähne müssen abgerundet sein und sind je nach Pudelgröße verschieden lang: Großpudel mindestens 4 cm, Klein-Zwerg- und Toypudel 2 bis 2,5 cm.

Fürs Auskämmen besonders verfilzten Haars eignet sich ein speziell grobzinkiger Kamm.

Zum Bürsten ist eine Bürste mit in Gummi gelagerten Drahtstiften vor allem für langes Haar gut geeignet. Fürs kurze Haar sollte eine kleine Bürste mit dichten, gebogenen Drähten verwendet werden.

Zum Scheren braucht man eine Pudelschere (18 bis 20 cm lang), möglichst mit Feinzahnschliff, der das Wegrutschen der dünnen Pudelhaare verhindert. Außerdem eine Schermaschine mit zwei Scherköpfen (2 mm und 3 mm).

Hinweis: Näheres zum Thema »Scheren« und welche Pudelfrisuren es gibt, können Sie ab Seite 42 nachlesen.

Der Fön sollte ziemlich stark sein, denn Pudelhaare brauchen sehr lang zum Trocknen (→ Baden gehört dazu, Seite 42).

1 | Zu den Fellpflege-Utensilien gehören: Fön, Schere mit abgerundeten Spitzen, fein- und grobzinkiger Metallkamm und eine Bürste mit Drahtstiften.

2 | Beim Baden den Pudel auf eine rutschfeste Matte stellen und nur ein rückfettendes Shampoo verwenden.

Baden
Zeichnung 2, 3 und 4
Zum Baden Ihres Pudels brauchen Sie einen zugfreien, warmen Raum und viel Zeit, Umsicht und Geduld.

• In die Badewanne eine rutschfeste Matte legen und den Pudel draufstellen.

• Mit lauwarmem Wasser vorsichtig abbrausen, bis er auf die Haut naß ist.

• Spezialshampoo partienweise auftragen, sorgfältig auf dem Fell verreiben und wie aus einem Pullover ausdrücken.

• Darauf achten, daß kein Wasser und Shampoo in Augen und Ohren kommt. Das ist wie bei kleinen Kindern.

• Gut spülen, bis das Haar unter den Fingern »quietscht«. Wenn Sie ein Pflegebalsam verwenden, läßt es sich hinterher leichter ausbürsten.

• Nach dem Abfrottieren darf der Hund sich kräftig schütteln.

• Auf den Kämmtisch stellen, mit einem dicken Handtuch dar-

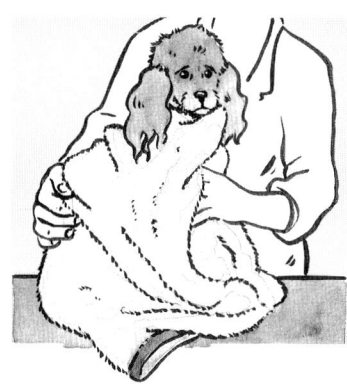

3 | *Nach dem Bad den Hund in ein dickes, saugkräftiges Handtuch wickeln und gut abtrocknen.*

unter, mit dem Fön trocknen und gleichzeitig bürsten. So bekommt das Haar Fülle und »steht«. Würden Sie den Pudel nur in Handtücher wickeln, liegt das Haar an und sieht nach dem Auskämmen zottelig und unattraktiv aus.

Bürsten
Zeichnung 5
• Angefangen wird bei der Krone, dem Haarschopf auf dem Kopf. Das Haar zuerst nach hinten, dann nach vorn bürsten. Danach mit dem Kamm von vorn nach hinten durchgehen und zu einer Haube formen. Dabei nicht aus der Stirn kämmen, sondern etwas nach vorn ziehen.
• Die Ohren erst von innen bearbeiten, indem Sie das Ohrleder umklappen, dann von außen. Vorsicht, die Haare verfilzen gern, und das kann ziepen.
• Vorderbeine beim Bürsten jeweils leicht vorziehen und anheben. Zuerst von unten gegen den Strich bis oben zur Schulter bürsten, dann mit dem Strich von

oben nach unten. Vorsichtig mit dem Kamm durchgehen und alle noch verbliebenen Knoten lösen. Danach sind die Hinterbeine an der Reihe. Besonders leicht verfilzen die Stellen zwischen Brust und Vorderbein, an den Ellenbogen und auf den Schenkeln.
• Zum Schluß die Haare auf dem Rücken bürsten und kämmen, dann auf der Brust. Dazu den Pudel an den Vorderbeinen aufrichten. Vergessen Sie auch nicht den Pompon an der Rute.

Tägliche Pflege
Pflege stärkt die Widerstandskraft des Hundes, schützt ihn vor Wind und Wetter und sorgt für sein Wohlbefinden.
Zahnpflege: Zur Vorbeugung gegen Zahnstein braucht der Hund neben einer gesunden Ernährung etwas zum Beißen und Knabbern, zum Beispiel einen Büffelhautknochen oder einen Ochsenziemer. Die Zähne zusätzlich mit einem feuchten Tuch abreiben.

Pfotenpflege: Spröde und rissige Pfotenballen mit Vaseline einreiben. Die Fettcreme sorgt für Elastizität und schützt im Winter vor der aggressiven Wirkung von Streusalz. Fremdkörper zwischen den Zehen vorsichtig mit den Fingern oder mit einer Pinzette entfernen.
Augenpflege: Augensekret, das sich beim Schlafen bildet, vorsichtig mit einem Papiertaschentuch entfernen.
Bei zuviel Sekret den Tierarzt zu Rate ziehen.
Ohrenpflege: Das Ohr hochheben und Schmutzteilchen auf der Ohrunterseite mit feuchtem Lappen entfernen.
Etwas alle 2 Wochen vorsichtig einige Tropfen Reinigungsöl (aus der Apotheke) in die Ohrmuschel einträufeln.
Es löst Ohrenschmalz und Verschmutzungen. Mit einem spitz zugedrehten Papiertaschentuch ausputzen. Kein Wattestäbchen verwenden (Verletzungsgefahr).

4 | *Wenn Sie das Fell Ihres Pudels während des Fönens gleichzeitig bürsten, bekommt das Haar Fülle und »steht« danach, so wie es soll.*

5 | *Die langen Ohren des Pudels bedürfen besonderer Pflege. Bürsten Sie sie behutsam von innen und außen, denn der Hund ist an dieser Stelle sehr empfindlich.*

Pudel mögen
Kinder und
sind immer für ein
ausgelassenes
Spiel zu haben.
Ausreichend
Bewegung ist
nicht nur für die
körperliche Ge-
sundheit des
Tieres wichtig,
sondern hält es
auch geistig fit
bis ins hohe Alter.

D ie Haartracht des Pudels ist Geschmacksache. Während die klassische Löwenschur (→ unten) streng und artifiziell erscheint, unterstreicht die Mode-Schur (→ rechts) den Liebreiz des Pudels.

Baden gehört dazu

Gebadet wird der Pudel normalerweise, bevor der Friseur ihm die Haare schneidet. Das heißt, erst wenn das Fell ordentlich gewaschen und gut getrocknet ist, sitzt auch die Frisur. Welpen und Junghunde sollte man allerdings bis zum Alter von 5 Monaten nur dann baden, wenn es unbedingt nötig ist. Verwenden Sie anschließend ein speziell für das Hundefell geeignetes Shampoo, das rückfettend ist (im Zoofachhandel erhältlich).

Wichtig: Nach dem Bad den Pudel vor Zugluft schützen und nur kurz nach draußen lassen. Verlegen Sie es deswegen möglichst auf den Spätnachmittag oder Abend. Dann kann das Haar über Nacht gut trocknen. Man sagt, beim Pudel brauche es 24 Stunden.

Scheren ist notwendig

Nicht nur aus Schönheitsgründen muß das Haar des Pudels regelmäßig geschoren werden. Es wächst sich sonst wie beim Schaf zu einem regelrechten Pelz aus, unter dem es dem Pudel viel zu heiß würde. Außerdem wäre seine Pflege beinahe eine Lebensaufgabe. Alle sechs Wochen bringt man sein Tier also zum Pudelfriseur.

Der Welpe erhält mit 4 bis 5 Monaten den sogenannten Babyschnitt. Außer im Gesicht bleibt die Wolle überall stehen und wird nur gekürzt und den Körperkonturen angepaßt. Mit 6 bis 9 Monaten bekommt der Pudel dann den Schnitt, den sein Besitzer für ihn passend hält.

Hinweis: Wenn Sie Ihren Hund gern selbst »in Form« bringen möchten, soll-

ten Sie auf jeden Fall einen Scher- und Trimmkurs absolvieren. Solche Kurse werden oft in den Hundezeitschriften inseriert.

Standardschuren

Löwenschur, Alte Schur: Der Pudel, ob Woll- oder Schnürenpudel, wird auf der Hinterhand bis zu den Rippen geschoren. Es werden ferner ausgeschoren: die untere und obere Partie des Fangs, bei der unteren Lidspalte beginnend, die Wangen; die Vorder- und Hinterläufe (Manschetten oder Ringe und beliebige Motive auf der Hinterhand ausgenommen) sowie die Rute, auf der eine runde oder ovale Endquaste belassen bleiben soll. Die zu »Hosen« stehengelassene Behaarung an den Vorderläufen ist gestattet. Das Tragen eines Schnurrbarts ist für alle Tiere vorgeschrieben.

Mode- oder Neue Schur: Diese Schurart, bei der das Haar an allen vier Gliedmaßen belassen wird, ist unter der Einhaltung folgender Richtlinien erlaubt:

• Geschoren werden der untere Teil der vorderen Gliedmaßen, und zwar von den Krallen bis zur Höhe der ersten Zehe, sowie der untere Teil der hinteren

Löwenschur oder Alte Schur nennt man diese Haartracht des Pudels.

Gliedmaßen bis auf die gleiche Höhe wie vorne. Es ist erlaubt, nur die Haare an den Zehen mit der Schermaschine auszuschneiden. Der Kopf und die Rute gemäß den Vorschriften der Löwenschur. Bei dieser Schur wird ausnahms-

Mode- oder Neue Schur heißt diese schöne und kleidsame Pudelfrisur.

weise ein höchstens 1 cm langer Kinnbart am Unterkiefer beibehalten, der parallel mit der unteren Fanglinie verlaufen muß (der sogenannte Bocksbart wird nicht toleriert) und das Weglassen des Rutenpompons gestattet (dieses Fehlen beeinträchtigt ein wenig den Bewertungsfaktor für »Haartextur«.)

• Gekürzt werden die Rückenhaare, um ein Vlies von mindestens 1 cm Höhe zu bilden. Die Länge der Haare soll um die Rippen herum und im Übergang zu den Gliedmaßen fortschreitend zunehmen.

• Auszugleichen sind die Haare auf dem Kopf, wo eine Haube von angemessener Höhe zu belassen ist. Desgleichen werden die Haare zum Widerrist hin absteigend gestutzt und sollten vorne, ohne den Verlauf der Linie zu den ausgeschorenen Partien der Füße zu

unterbrechen, eine leicht konische Linie nach unten hin ergeben. Vom Ohrenansatz bis höchstens zu $1/3$ Länge des Ohrleders kann das Haar mit der Schere oder der Schermaschine mit dem Strich gekürzt werden. Der untere Teil des Ohrleders muß von Haaren bedeckt bleiben, die fortschreitend länger werden und Fransen bilden. Diese können am unteren Rand in ihrer Länge ausgeglichen werden.

Auszugleichen sind die Haare auch an den Gliedmaßen in Form von Hosen, die einen ansprechenden Übergang zu den ausgeschorenen Pfoten hin bilden. Die Länge des gestutzten Haars nimmt nach oben hin bis zu einer Länge von 5 bis 7 cm an den Schultern und Schenkeln zu, je nach Größe des Tiers. Ein plumpes Aussehen ist zu vermeiden. Die Hosen der Hinterhand müssen durch den entsprechenden Schnitt die Winkelung gut erkennen lassen. Jede Art von Phantasie-Schur führt zur Disqualifikation. Die Schur gemäß dem Standard, gleich welcher Art, beeinflußt in keiner Weise eine Beurteilung auf Ausstellungen, und alle Hunde einer Klasse sind zusammen zu richten.

Modische Sattel-Schur: In Ergänzung der Löwenschur werden Motive, z. B. Ringe oder Manschetten an den Hinterläufen oder auf den Lenden modelliert und auf dem Kopf ein Haarschopf (»Top-Knot«) belassen, der aber nicht Pflicht ist. Für diese Schur ist kein Schnurrbart vorgeschrieben.

Mit 4 bis 5 Monaten werden dem Welpen zum ersten Mal die Haare gestutzt. Beim sogenannten Babyschnitt bleibt die Wolle außer im Gesicht überall stehen und wird nur ein wenig gekürzt.

Die richtige Ernährung

Ob Ihr Pudel sein ganzes Leben lang fit und aktiv bleibt, hängt in erster Linie davon ab, wie Sie ihn füttern. Er soll ja nicht nur satt werden, sondern muß von Anfang an alle Nähr- und Aufbaustoffe bekommen, um immer in bester Verfassung zu sein.

Fertigfutter garantiert eine ausgewogene vollwertige Ernährung Ihres Pudels. Wenn Sie ihn lieber selbst bekochen möchten, brauchen Sie genaue Kenntnisse sowohl von seinem Nährstoffbedarf als auch von der richtigen Nährstoffzusammensetzung einer Hundemahlzeit.

Was Hunde brauchen
Die wildlebenden Ahnen unseres Haushundes verzehrten nicht nur das Fleisch, sondern auch mit Vorliebe den Magen- und Darminhalt ihrer meist pflanzenfressenden Beutetiere. Auf diese Weise wurden dem Organismus Ballaststoffe, Kohlenhydrate, Mineralstoffe wie Kalzium, Phosphor sowie Vitamine zugeführt. Die Freßgewohnheiten der Wildtiere zeigen uns, wie artgerechte Hundenahrung beschaffen sein muß, damit eine gesund-ausgewogene Ernährung garantiert ist.

Fertigfutter
Diese Vollnahrung ist problemlos und schnell zubereitet und enthält alles, was für die gesunde Ernährung nötig ist. Der Handel bietet ein breitgefächertes Sortiment, von Welpen- und Erwachsenenfutter über Schonkost, Diätfutter für dicke Hunde bis zu Seniorenfutter, in verschiedenen Konsistenzen an.
Naß- oder Dosenfutter (Wassergehalt 75%) enthält alle Nähr- und Aufbaustoffe. Die Zusammensetzung ist dem Etikett zu entnehmen. Angeboten wird
• Futter, das hauptsächlich aus Fleisch besteht (Muskelfleisch, Pansen, Herz, Leber und Lunge);
• Futter, das mit Kohlenhydraten in

Form von Getreide (Reis, Gerste, Hafer, Weizen oder Mais) angereichert ist. Naßfutter sollte immer mit Getreide- oder Gemüseflocken gemischt werden ($^2/_3$ Dosenfutter, $^1/_3$ Flocken), sonst kann der Hund Durchfall bekommen.
Hinweis: Wenn Sie Ihrem Pudel vorwiegend Dosenfutter geben, braucht er unbedingt etwas Festes zum Beißen, zum Beispiel Hundekuchen, Ochsenziemer oder Büffelhautknochen, damit Zähne und Zahnfleisch gesund bleiben.
Halbfeucht- und Trockenfutter enthält nur noch 10 bis 30% Wasser und ist im Gegensatz zum Dosenfutter wesentlich konzentrierter und energiehaltiger. Wenn Sie Ihren Hund damit füttern, braucht er immer genügend frisches Trinkwasser.
Mein Tip: Weichen Sie Trockenfutter etwa eine halbe Stunde vor dem Verfüttern in ungesalzener Gemüse- oder Fleischbrühe ein, dann schmeckt es dem Hund besser.

Futter selbst zubereiten
Wenn Sie Ihren Pudel selbst bekochen möchten, brauchen Sie fundierte Kenntnisse von Nährstoffbedarf und -verwertung des Hundes.
Im Menü enthalten sein muß:
• Eiweiß 25 bis 50%, vor allem in Fleisch, Fisch, Quark oder Hüttenkäse;
• Kohlenhydrate bis 45%, in Getreide (Hafer- und Weizenflocken), Reis, Kartoffeln, Hundeflocken, Mais, aber auch in Mehlprodukten wie Nudeln, Brot oder Gebäck (Vollkornprodukte sind besonders reich an Mineralstoffen und Vitaminen);

So gut in Form kann ein Pudel sein, wenn er ausgewogen ernährt wird.

• Fett wenigstens 5%, Hauptenergie-lieferant, zum Teil in Fleisch, kaltge-preßtes Pflanzenöl als Zusatz;

• Mineralien, Spurenelemente und Vitamine müssen zugesetzt werden. Entsprechende Mischungen im Zoo-fachhandel oder beim Tierarzt erhältlich.
Die Zutaten im einzelnen:

• Mageres Muskelfleisch vom Rind, Kalb und Pferd, Wild- und Geflügel-fleisch, grätenfreies Fischfilet. Fleisch und Fisch immer gekocht reichen. Ro-hes Schweinefleisch kann Toxoplasmose und die Aujeszkysche Krankheit, rohes Geflügelfleisch kann Salmonellen über-tragen.

• Innereien wie Pansen (»grüner« Pansen, nämlich der rohe, ungereinigte Rindermagen, ist dem »weißen« ge-reinigten vorzuziehen), Leber, Milz, Nieren, Herz und Magen.
Hinweis: Sie sind ein fast vollwertiger Ersatz für das teure Muskelfleisch, jedoch stark schadstoffbelastet. Des-wegen nur einmal pro Woche füttern. Rohe Leber und Milz wirken abfüh-

rend, daher nur in kleinen Mengen reichen.

- Getreideprodukte, vor allem Vollkornprodukte. Hundeflocken bzw. Hafer- und Weizenflocken ins Futter einstreuen. Reis, Mais und Nudeln vor dem Verfüttern kochen. Altbackenes Vollkornbrot zum Knabbern.
- Kartoffeln, gekocht und ungesalzen.
- Milchprodukte wie Quark, Hüttenkäse oder geriebenen Käse unters Futter mischen.
- Weizenkeimöl, dreimal wöchentlich 1 Teelöffel (auf 10 kg Körpergewicht).
- Vitalstoffe als fertige Vitamin-Mineralstoff-Mischung nach Gebrauchsanweisung.

Hinweis: Hundeflocken enthalten meist bereits Vitalstoffe, Sie können also in der Regel auf die Zugabe verzichten.

Trinken ist wichtig

Wasser ist das richtige Getränk für den Hund. Es muß immer frisch und sauber zur Verfügung stehen, darf aber nie eiskalt sein. Bei normal feuchtem Futter wird der Hund nur wenig trinken, dafür um so mehr bei Trockenfutter (→ Seite 44), Hitze und nach Anstrengungen. Hat der Hund unentwegt Durst ohne erkennbaren Grund, ist das ein Krankheitsanzeichen (→ Seite 52). Milch ist für Hunde ungeeignet. Sie können davon Durchfall bekommen.

Falsche Ernährung macht krank

Manch einem Pudel geht es nicht besser als seinem Besitzer. Er hat Gewichtsprobleme, die ihm als solche allerdings nicht so bewußt sind. Nicht etwa, daß er an Unterernährung und den daraus

Tagesfuttermengen eines erwachsenen Pudels

	Trockenfutter	Dosenfutter + Hundeflocken	Fleisch* und Beikost**
Toypudel	etwa 120 g	bis zu 200 g	bis zu 200 g (150 g Fleisch + 50 g Beikost)
Zwergpudel	etwa 150 g	bis zu 250 g	bis zu 250 g (170–200 g Fleisch + 50–80 g Beikost)
Kleinpudel	etwa 250 g	bis zu 500 g	bis zu 500 g (350–400 g Fleisch + 100–150 g Beikost)
Großpudel	etwa 400 g	bis zu 1000 g	bis zu 1000 g (750–850 g Fleisch + 150–250 g Beikost)

* Fleisch, Fisch, Innereien
** Getreideprodukte oder Kartoffeln + Milchprodukte; Weizenkeimöl (1 TL pro Woche)

Wichtig: Jedes selbstzubereitete Hundemenü mit einer Vitamin-Mineralstoff-Mischung anreichern (→ Vitalstoffe, oben).

resultierenden Mangelerscheinungen leidet, nein, er hat zuviel des Guten bekommen.

Das beginnt schon im frühen Kindesalter. Dem wachsenden Hund wird ein Überangebot an eiweiß- und energiereicher Nahrung zusammen mit Vitaminen und Mineralien verabreicht. Die Folge sind Wachstumsstörungen der Knochen und Gelenkserkrankungen. Oder der Hund wird schlicht und einfach zu dick. Ob auch Ihr Pudel das ist, können Sie folgendermaßen feststellen. Tasten Sie auf mittlerer Höhe des Brustkorbs nach den Rippen. Sie dürfen nur mit einer geringen Fettschicht bedeckt sein. Sind sie nicht zu fühlen, ist der Hund zu dick, und Sie sollten ihn auf Diät setzen (→ Seite 49).

Hündinnen sind in der Regel verfressener als Rüden, nach einer Kastration neigen beide Geschlechter zum übermäßigen Schlingen. Auch bei alten Hunden, die sich nicht mehr viel bewegen, ist Übergewicht häufig. Gerade sie sollten aber schlank sein, denn zu viele Pfunde auf den Knochen belasten den Kreislauf und machen den Hund träge und bewegungsunlustig. Denken Sie immer daran, daß Sie ihm nicht mit Leckerbissen, sondern nur mit artgerechter Ernährung Ihre Liebe beweisen.

Sieben Fütterungsregeln

1. Das Futter darf nur handwarm serviert werden. Nichts direkt aus dem Kühlschrank bzw. zu heiß geben.
2. Frisches und nicht zu kaltes Wasser muß immer bereitstehen, damit der Hund jederzeit trinken kann.
3. Futterreste nach etwa einer halben Stunde entfernen. Sie säuern und führen zu Durchfall; im Sommer ziehen sie Fliegen an.
4 Geöffnetes Dosenfutter oder selbstbereitetes Futter höchstens 2 Tage im Kühlschrank aufbewahren.

5. Zu scharf gewürzte oder salzige Speisen und Süßigkeiten sind nichts für Ihren Pudel. Die einen schädigen seine Nieren, die anderen greifen die Zähne an und machen zu dick.
6. Den Futternapf nach jeder Mahlzeit gründlich mit heißem Wasser auswaschen; es können sich sonst gefährliche Bakterien bilden. Keine Reinigungsmittel verwenden.
7. Den Hund nie beim Essen stören, er kann sonst aggressiv reagieren.

Übergewicht kann zu massiven Gesundheitsstörungen führen. Ob Ihr Pudel zu dick ist, können Sie selbst feststellen: Seine Rippen hinter den Schultern auf mittlerer Höhe des Brustkorbes müssen sich gut ertasten lassen. Sind sie nicht fühlbar, ist der Pudel zu dick.

Die richtige Futtermenge

Bei einem gesunden, gut ernährten Hund sollen die Rippen zwar nicht zu sehen, aber mit der Hand zu fühlen sein. Daran können Sie erkennen, ob Ihr Pudel mehr oder weniger Futter braucht. Die Angaben auf der Tabelle (→ Seite 46) sind Anhaltswerte und neben Alter und Leistung von der individuellen Veranlagung des Hundes abhängig.

Halt den Ball! Aufmerksam bewacht der Zwergpudel sein »Tor«.

• Der Welpe benötigt während der Hauptwachstumsphase (bis zum 12. Lebensmonat) im Vergleich zum erwachsenen Tier die doppelte Nährstoff- und damit Futtermenge. Am besten versorgen Sie den Kleinen mit spezieller Welpenkost aus dem Zoofachhandel. Lassen Sie sich vom Züchter etwas vom gewohnten Futter mitgeben. Das erleichtert die Umstellung.

• Die trächtige Hündin braucht eine vitaminreichere, gehaltvollere Mahlzeit als gewöhnlich. Die Futtermenge kann verdoppelt werden Mit etwas Weizenkleie, Kalkpräparaten und Knochenmehl anreichern.

• Der alte Hund benötigt kohlenhydratreiche Nahrung, weil sie leichter verdaulich ist. Die Fleischportionen reduzieren und dafür mehr Getreide, Reis oder Hundeflocken beimischen. Auch keine Knochen mehr geben.

Futterplatz und Fütterungszeiten

Futter- und Trinknapf sollten immer an der gleichen Stelle stehen. Der Trinknapf muß jederzeit für den Hund erreichbar sein, damit er trinken kann, wann er will. Wichtig sind auch feste Fütterungszeiten, denn Ihr Pudel stellt sich darauf ein.

<u>Welpen und junge Hunde:</u> Bis zur 12. Woche bekommen sie ihre Ration in 4 Portionen über den Tag verteilt, bis zum 6. Monat in 3 Portionen, bis zum 18. Monat in 2 Portionen.

<u>Der erwachsene Hund:</u> Er bekommt seine Mahlzeit am besten mittags oder verteilt auf morgens und spätnachmittags.

<u>Die trächtige Hündin:</u> Sie bekommt ihre Futtermenge auf zwei bis drei Mahlzeiten pro Tag verteilt – am besten morgens, mittags und spätnachmittags.

<u>Wichtig:</u> Nach dem Essen sollte der Hund ruhen. Bei Spiel und Getobe be-

Los, mach weiter! Pudel und Kinder sind ideale Spielpartner.

Nach der Mahlzeit sollte der Pudel zunächst einmal Gelegenheit zu einem Ruhestündchen bekommen. Wilde Spiele und Toben nach dem Essen können beim Hund eine lebensgefährliche Magendrehung hervorrufen.

steht die Gefahr, daß sich der Magen verdreht, und das ist lebensgefährlich.

Fasttag und Diät für den dicken Pudel

Wenn Sie bei Ihrem Pudel nicht mehr die Rippen erfühlen, ist er zu dick. Sie sollten ihm jetzt wöchentlich einen Fasttag verordnen. An diesem Tag sollten Sie Ihrem Hund

• keine außergewöhnlichen Anstrengungen abverlangen, zum Beispiel Fitneßtraining,

• immer frisches Trinkwasser bereithalten, denn Fasten heißt nicht Dursten. Zusätzlich sollten Sie die Futtermenge reduzieren – vor allem die Kohlenhydrate in der Beikost (→ Seite 44) – und ihm gleichzeitig mehr Bewegung verschaffen. Lassen Sie auch die diversen Belohnungshäppchen und Zwischenmahlzeiten weg, selbst wenn Ihr Pudel Sie noch so sehr anbettelt und die

sprichwörtlichen Hundeaugen macht. Will das Fett immer noch nicht »schmelzen«, ist zu einer strengen Diätkur zu raten:

• Beginnen Sie mit der um 10% verringerten Gesamtfuttermenge. Reduzieren Sie in der nächsten Woche um weitere 10%. Vielleicht ist in der dritten Woche eine nochmalige Kürzung um 10% nötig. Sie sehen ja, ob Ihr Pudel wieder in Form kommt.

• Kontrollieren Sie regelmäßig sein Gewicht.

• Gehen Sie auf keinen Fall wieder zurück auf die ehemalige Tagesfuttermenge, darin eingeschlossen alle außerprogrammäßigen Leckerbissen.

• Um die Fettdepots weiter abzubauen und den Erfolg der Schlankheitskur auch auf Dauer zu sichern, sollten Sie mit dem Tier immer ausgedehntere Spaziergänge unternehmen.

Gesundheitsvorsorge und Krankheiten

Selbst beste Pflege und Zuwendung schützen Ihren Pudel nicht davor, krank zu werden. Haben Sie also schon beim Welpen ein Auge auf Verhalten und körperliche Verfassung, damit Sie beizeiten erkennen, wenn das Tier sich nicht wohl fühlt. Gehen Sie auch jährlich ein- bis zweimal zur Vorsorge zum Tierarzt.

Beste Pflege, ausgewogene Ernährung und liebevolle Zuwendung sind Grundvoraussetzungen für eine stabile Gesundheit Ihres Pudels. Sollte er dennoch einmal krank werden, scheuen Sie sich nicht, schon beim geringsten Anzeichen mit dem Hund einen Tierarzt aufzusuchen.

Sie können Ihren Pudel vor den gefährlichsten Infektionskrankheiten schützen, wenn Sie ihn impfen lassen.

Tägliche Gesundheitskontrolle

Die Pflege, die Sie Ihrem Hund zukommen lassen, trägt zu seinem Wohlbefinden bei. Gleichzeitig können Sie auf Krankheitszeichen achten. Zusammen mit den regelmäßigen Schutzimpfungen sind dies die besten Vorbeugemaßnahmen.

<u>Fell:</u> Glanzloses Fell kann ein Zeichen von Mangelernährung sein (→ Futter selbst zubereiten, Seite 44). Achtung: Vor dem Haarwechsel im Frühjahr und Spätherbst verliert jedes Fell an Glanz.

<u>Haut:</u> Schuppen und sich ablösende Krusten, meist zusammen mit brüchigem Haar, weisen auf falsches Futter hin (→ Falsche Ernährung macht krank, Seite 46).

<u>Zähne:</u> Gelbfärbung bedeutet Zahnsteinbildung, hervorgerufen durch nicht genügend harte Kost wie Hundekuchen oder Knochen. Zahnstein frühzeitig vom Tierarzt entfernen lassen.

<u>Zahnfleisch:</u> Blasse Farbe als äußeres Zeichen von Blutarmut ist ein Symptom für unterschiedliche Erkrankungen.

<u>Mundgeruch:</u> Je nach Futterzusammensetzung kann ein Hund aus dem Mund riechen. Schwächt sich starker Geruch nach mehreren Tagen und selbst nach Nahrungsumstellung nicht ab, kann dies auf Magen-Darm-Probleme, Zahnfleischentzündungen oder vereiterte Zähne hinweisen.

<u>Augen:</u> Sekret in den Augenwinkeln wird vorsichtig abgewischt. Bei Ausfluß und Bindehautentzündung zum Tierarzt gehen. Müde Augen zusammen mit einem deutlich veränderten Verhalten sind ein Alarmzeichen.

<u>Ohren:</u> Die Hängeohren Ihres Pudels sollten Sie regelmäßig kontrollieren. Übler Geruch bedeutet meist eine Ohrenentzündung.

<u>Pfoten:</u> Bei sehr spröden Ballen können Risse entstehen (Infektionsgefahr). Auf Fremdkörper zwischen den Zehen achten und regelmäßig die Krallenlänge überprüfen.

Impfplan für die Gesundheitsvorsorge

Wirkstoff gegen	Grundimmunisierung Nachimpfungen 7. bis 8. Woche	12. bis 14. Woche	Wiederholungsimpfungen 12 Monate nach der Grundimmunisierung	
Parvovirose (Lebendimpfstoff)	*	*	*	jährlich
Hepatitis	*	*	*	jährlich
Leptospirose	*	*	*	jährlich
Staupe	*	*	*	jährlich
Tollwut		*	*	jährlich

Wichtig: Impfungen werden nicht sofort wirksam. Es dauert etwa 1 bis 2 Wochen, bis der Impfschutz eintritt.

Lebenswichtig: Impfen und Entwurmen
Schon im Welpenalter kann das Leben Ihres Pudels von einer der fünf gefürchteten Infektionskrankheiten bedroht werden, nämlich Staupe, Hepatitis, Parvovirose, Tollwut und Leptospirose. Die beiden letzteren sind auch auf den Menschen übertragbar (→ Wichtige Hinweise, Seite 63). Schutz dagegen bieten nur die vorbeugenden Impfungen, und er ist auch nur dann lückenlos, wenn diese regelmäßig erneuert werden (→ Impfplan, oben). Die Impfungen werden in einem Impfpaß eingetragen, der Ihnen beim Kauf des Hundes vom Züchter mitgegeben wird. Daraus können Sie auch den jeweiligen Nachimpfungstermin entnehmen.
Hinweis: Impfbestimmungen für die Einreise Ihres Hundes in andere Länder erfahren Sie entweder beim jeweiligen Konsulat oder bei Ihrem Tierarzt.
Entwurmen: Regelmäßige Entwurmung ist aus zwei Gründen nötig. Einmal wird der durch Wurmbefall geschwächte Hund anfälliger für Infektionen, zum andern sind Würmer auch auf den Menschen übertragbar. Besonders Kinder sind gefährdet (→ Wichtige Hinweise, Seite 63).
Entwurmt wird im Alter von
• 6 Wochen,
• 8 Wochen
(erkundigen Sie sich beim Züchter, ob er diese Wurmkuren durchgeführt hat),
• 12 Wochen,
• 6 Monaten,
• 9 Monaten.
Der erwachsene Hund muß zweimal pro Jahr entwurmt werden.
Tabletten und Pasten für die Entwurmung bekommen Sie beim Tierarzt oder gegen Rezept in der Apotheke (Gebrauchsanweisung beachten!).
Hinweis: Eine Wurmkur sollte jeweils vor dem alljährlichen Impftermin vorgenommen werden, damit der Hund bei der Impfung völlig wurmfrei ist.

Geschickt klettert der Pudel beim Agility über die Leiter.

Wenn der Hund krank ist

Ein mit seinem Pudel vertrauter Besitzer erkennt am Verhalten des Hundes, ob er sich wohl fühlt oder nicht. Springt Ihr fröhlicher und temperamentvoller Pudel bei der Aufforderung zum Spaziergang nicht begeistert auf wie sonst immer, verkriecht er sich, schläft er viel und frißt er nicht, können das Anzeichen einer Krankheit sein, der Sie nachgehen sollten. Nicht jede Veränderung muß Anlaß zur Sorge sein. Zur Sicherheit sollten Sie aber den Gang zu Ihrem Haus-Tierarzt nicht länger hinauszögern.

Was der Tierarzt wissen will

Damit der Tierarzt eine genaue Diagnose stellen und die richtige Behandlung einleiten kann, sollten Sie ihm eine kurze, aber präzise Schilderung der Symptome geben können. Am besten,

Sie notieren sich vorher die Antworten auf folgende Fragen:
• Wann und was hat der Pudel gefressen oder getrunken?
• Wann hat er Harn gelassen oder Kot abgesetzt? Hatte er dabei Schwierigkeiten? Eventuell Urin und Kotprobe mitbringen.
• Hat er erbrochen? Wie oft, wieviel und was? (Blut, Fremdkörper; eventuell Probe mitbringen).
• Hat er Blähungen oder Bauchweh?
• Niest, hustet, speichelt oder würgt er?
• Hat er Fieber und wie hoch?
• Schleckt, kratzt oder beißt er bestimmte Körperregionen; rutscht er auf dem Hintern (»Schlittenfahren«) und versucht, an der Rute zu lecken?
• Schüttelt er häufig den Kopf und kratzt er sich an den Ohren?
Verschreibt der Tierarzt Medikamente, sollten Sie sich genau an die Dosierun-

gen und die Dauer halten und die Medikamente auch dann noch geben, wenn die Krankheit schon nach der Hälfte der Behandlungszeit abgeklungen ist. Auch alle anderen Anordnungen des Tierarztes sollten Sie genau befolgen.

Was der Hundebesitzer können muß

Temperatur messen: Beim Hund läßt sich erhöhte Temperatur nur am Unterbauch oder den Innenschenkeln feststellen. Fühlen sich diese Regionen ungewöhnlich warm an, obwohl der Hund nicht abgehetzt ist, sollten Sie Fieber messen. Nehmen Sie dazu ein dünnes, unzerbrechliches Thermometer. Am besten eignen sich solche mit Digitalanzeige und Signalton, da sie schneller reagieren. Messen Sie zu zweit. Während einer den Hund an Schulter und Vorderpfoten festhält und beruhigend auf ihn einredet, hebt der andere die Rute hoch, führt das mit Creme eingefettete Thermometer möglichst waagerecht etwa 3 cm tief in den After ein. Ein herkömmliches Thermometer muß 2 bis 3 Minuten drinbleiben. Digitalthermometer können Sie bereits nach 1 Minute (nach Ertönen des Signals) wieder herausziehen. Liegt die Temperatur bei einem kleinen Hund über 39 °C, bei einem großen über 38,5 °C, hat er Fieber. Auch Untertemperatur (unter 38 °C) kann ein Zeichen von Krankheit sein.

Puls fühlen: Der Pulsschlag läßt sich am besten in der Mitte der Oberschenkelinnenseite fühlen. Streicheln Sie Ihren Pudel mit der einen Hand und legen Sie die Fingerkuppen der anderen mit sanftem Druck auf, bis Sie den Pulsschlag fühlen. Je nach Größe des Pudels liegt der Normalpuls zwischen 70 und 100 Schlägen pro Minute; kleine Pudel haben eine höhere Pulsfrequenz als größere.

Tabletten, Pillen, Kapseln: Verstecken in einem schmackhaften Futterbrocken gelingt höchstens einmal. Hier müssen Sie den Hund zu seinem »Glück« zwingen. Öffnen Sie sein Maul (durch kräftigen Druck auf den hinteren Kieferbereich) und legen Sie die Tablette ganz hinten auf seine Zunge. Kinn nach oben drücken und Maul kurz zuhalten. Nun muß er die »bittere Pille« schlucken. Mit einer Einwegspritze (ohne Nadel!) können Sie etwas Wasser nachgeben, das läßt die Tablette leichter rutschen.

Tropfen: Füllen Sie sie am besten in eine Einwegspritze ohne Nadel (in der Apotheke oder beim Tierarzt erhältlich). Führen Sie die Spritze seitlich zwischen den Zähnen ins Maul des Hundes. Dabei seinen Kopf leicht hochhalten und die Flüssigkeit in kleinen Mengen auf die Zunge träufeln. Nicht in einem Schwall einspritzen, sonst verschluckt sich der Hund.

Zäpfchen: Machen Sie es nach dem Auspacken mit Vaseline etwas gleitfähig und schieben Sie es mit dem Finger möglichst tief in den After des Hundes. Finger kurze Zeit auf den After drücken.

Durch den Reifen springen ist für den Pudel ein Kinderspiel.

PRAXIS
Erste Hilfe

Wie schnell ist ein Unfall passiert. Dann tut rasche Hilfe not. Verlieren Sie nicht den Kopf und behalten Sie den Überblick. Damit und mit den richtigen Erste-Hilfe-Maßnahmen stehen Sie Ihrem Pudel am besten bei. Danach müssen Sie ihn natürlich sofort zum Tierarzt bringen.

Vergiftung

Zeichnung 1 und 2
<u>Anzeichen</u> einer Vergiftung sind starker Speichelfluß, wiederholtes Erbrechen, gelegentlich auch Durchfall, Blut in Kot, Urin und Erbrochenem, Apathie, Atemnot, blasse, aber auch bläuliche Schleimhäute. Kommen innerhalb von 1 bis 2 Stunden jagender Puls, Taumeln, Krampfanfälle, Lähmungserscheinungen und Ohnmacht hinzu, liegt mit großer Wahrscheinlichkeit eine Vergiftung vor.

1 | *Beim Tabletteneingeben mit einer Hand Druck auf den Kiefer ausüben und Tablette weit nach hinten auf die Zunge legen.*

<u>Erste Notmaßnahmen:</u> Nur innerhalb $1/2$ bis maximal 1 Stunde kann die Giftaufnahme im Körper mit Hilfe von Brechmitteln, Magenspülungen und Abführmitteln verringert werden.
• Den Hund sofort zum Tierarzt bringen bzw. telefonischen Kontakt aufnehmen.
• Wenn der Tierarzt zu weit weg ist, Mageninhalt leeren: Dem Hund mit einer Einwegspritze (ohne Nadel) konzentrierte Kochsalzlösung aus 1 Eßlöffel Salz auf 100 ml Wasser einflößen, damit er erbricht (→ Seite 53).
• Zusätzlich Kohletabletten eingeben. Kohle absorbiert die meisten Gifte.
Das Eingeben einer Tablette erfolgt wie auf Zeichnung 1 dargestellt: Durch kräftigen Druck auf den hinteren Kieferbereich öffnet der Pudel das Maul. Legen Sie ihm die Tablette weit hinten auf die Zunge. Drücken Sie sein Kinn nach oben und halten Sie dem Hund kurz das Maul zu. Nun muß er die Tablette schlucken.
• Den Hund reichlich Wasser trinken lassen. Wasser verdünnt den Mageninhalt und wirkt, wenn der Hund daraufhin erbricht, fast wie eine Magenspülung.
<u>Wichtig:</u> Bei Vergiftungsverdacht auf keinen Fall Milch, Öl oder Rizinusöl eingeben; das kann die Symptome und Beschwerden bei manchen Giften verstärken.

Schnittverletzung an der Pfote
Zeichnung 3
Wunden an den Pfoten verursachen meist eine starke Blutung, die Sie als erstes stoppen müssen.

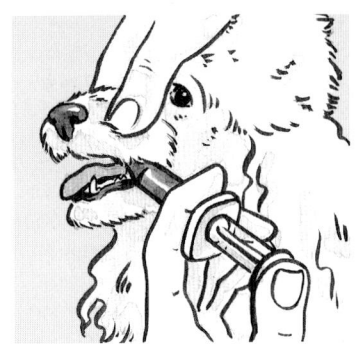

2 | *Kochsalzlösung mit einer Einwegspirtze ohne Nadel verabreicht bringt den Pudel nach einer Vergiftung zum Erbrechen.*

Entfernen Sie zunächst Schmutz und Fremdkörper und legen Sie einen Druckverband an. Wenn kein Verbandszeug griffbereit ist, ein sauberes Taschentuch auf den Schnitt legen und die Pfote mit einer Socke oder einem Schal umwickeln. Eventuell kann Ihnen ein Autofahrer mit Mullbinde und Kompresse aus seinem Verbandskasten aushelfen. Die Kompresse direkt auf die Wunde legen und mit der Binde fest umwickeln.
Bei stark blutenden Wunden muß das Bein abgebunden werden (→ Erste Notversorgung). Anschließend den Hund sofort zum Tierarzt bringen.
<u>Kleinere Verletzungen,</u> beispielsweise durch einen Glassplitter oder einen Dorn, den sich der Pudel in eine Pfote eingetreten hat, können Sie selbst versorgen. Den Fremdkörper sorgfältig aus der Wunde entfernen, diese säubern und mit einem handelsüblichen Mittel aus der Apotheke desinfizieren.

Unfall

Transport zum Tierarzt. Wenn Ihr Pudel von einem Fahrzeug angefahren wurde, muß er sofort zum Tierarzt gebracht werden. Da Sie nie wissen, ob Knochenbrüche oder innere Verletzungen vorliegen, müssen Sie den Hund liegend transportieren. Ideal dafür ist ein Brett, auf das Sie den Hund auf der rechten Seite liegend betten. Da so etwas an der Unfallstelle meist nicht vorhanden ist, können Sie sich mit einem Mantel oder einer Decke behelfen. Den Hund zu zweit ins Auto heben und mit einer weiteren Decke warm halten.

Erste Notversorgung. Ist der Hund bewußtlos, müssen die Atemwege freigehalten werden. Dazu den Fang öffnen, die Zunge herausziehen und seitlich zwischen die Zähne legen. Erbrochenes aus dem Maul entfernen, sonst erstickt der Hund daran. Pulsierende Blutungen müssen mit einem Notverband gestoppt werden, damit der Hund auf dem Weg zum Tierarzt nicht verblutet. Binden Sie das Bein oberhalb der Ferse bzw. des Ellbogens mit einer Binde aus elastischem Material (Perlonstrumpf, Socke) ab. Dauert die Fahrt zum Arzt länger als 30 Minuten, muß der Verband zwischenzeitlich kurz gelöst werden, da sonst das Bein absterben kann.

Befindet sich die Wunde an einer Stelle, die man nicht abbinden kann (zum Beispiel im Brust- oder Bauchraum oder an den Ohren), müssen Sie das Gefäß mit der Hand zudrücken, um die Blutung zu stoppen.

Bißverletzungen

Nach einer Beißerei sollten Sie Ihren Pudel gründlich untersuchen, da sich Bißverletzungen, die im dichten Fell unentdeckt bleiben, zu Abszessen entwickeln können. Stark blutende Wunden versorgen (→ Unfall) und dann sofort zum Tierarzt fahren. Wenn der Eckzahn des Gegners

3 | Bei stark blutenden Wunden wird ein Druckverband angelegt.

die Haut durchbohrt, entsteht eine lochförmige Verletzung. Auch diese kleine und wenig blutende Wunde muß vom Arzt versorgt werden. Auf jeden Fall ist Schmutz unter die Haut gelangt, so daß sich selbst Tage nach der Rauferei ein Abszeß bilden und zu Fieber, Apathie, Appetitverlust und Blutvergiftung führen kann.

Insektenstich

Einem Hund das Schnappen nach Insekten abzugewöhnen ist nicht einfach. Immer wieder kann er dabei in Lefze oder Maul gestochen werden. Sie merken es, wenn er sich plötzlich wie wild mit der Pfote an der Schnauze kratzt oder diese am Boden reibt. Allergische Reaktionen mit Schwellung der Lefzen, Zunge und Rachenregion sind die Folgen. Je tiefer die Schwellung im Rachen, desto bedrohlicher die Einengung der Atemwege.

Maßnahmen: Eine geringe Schwellung im Maulbereich mit Eiswasser oder Desinfektionsalkohol solange betupfen, bis sie zurückgeht. Bei starken Schwellungen mit Speicheln, Erbrechen und Atembeschwerden sofort zum Tierarzt gehen.

Wichtige Tips

Schnauzenbinde anlegen: Aus einer kräftigen Binde von etwa 1 m Länge eine Schlinge formen und dem Hund so über die Schnauze streifen, daß er durch die Nase ungestört atmen kann. Die beiden Enden der Binde unter der Schnauze über Kreuz legen und hinter den Ohren verknoten.

Kopfverband: Papiertaschentuch auf die Verletzung legen und Verband so anlegen, daß damit Druck auf die Verletzung ausgeübt wird. Elastische Mullbinde einmal vor dem einen Ohr, einmal hinter dem anderen Ohr vorbeiführen.

Schienung eines Bruchs: Vorher dem Hund die Schnauze zubinden. Bein mit Papiertaschentuch abdecken. Darüber eine Bindenschicht als Polsterverband. Mit einer weiteren Binde Zweige oder Lineal so festbinden, daß sich der gebrochene Knochen nicht mehr bewegen kann.

Wenn Ihr Pudel Nachwuchs bekommt

Als wir uns entschlossen, unsere Susi decken zu lassen, stand dahinter zwar nicht die Absicht, mit ihr zu züchten. Wir redeten uns aber ein, daß es im Sinne der Hündin sei, wenigstens einmal im Leben Junge zu haben. Eine wissenschaftliche Grundlage gibt es dafür allerdings nicht; mit Ihrem Pudel zu züchten liegt also allein in Ihrer Entscheidung.

Fünf Gedanken zuvor

1 Für die Zucht ist das Beste gerade gut genug. Mit Pudeln, die anatomische Fehler oder Wesensmängel haben, sollten Sie keine Zucht beginnen. Die Fehler eines Elternteils können nicht durch die Vorzüge des anderen wettgemacht werden, da beider Erbmasse bei ihrer Nachkommenschaft zum Tragen kommt.

2 Für die Pudelzucht sollten Sie über ein gewisses Fachwissen verfügen, damit Sie nicht zu viele Enttäuschungen und Überraschungen erleben.

3 Die Pflege der trächtigen Hündin und die Aufzucht der Welpen kostet Geld, eventuell auch das Decken.

4 Wenn Sie einen Rüden und eine Hündin halten wollen, müssen Sie genügend Platz haben, um die Tiere während der Läufigkeit der Hündin zu trennen.

5 Das Aufziehen der Welpen macht man nicht »mit links«. Sind Sie bereit, für ausreichend Platz, das richtige Futter, tägliche Aufmerksamkeit und Zuwendung zu sorgen und sich über Unordnung und Schmutz nicht aufzuregen?

Pudelnachwuchs zu haben ist bezaubernd. Doch für das seelische Gleichgewicht Ihrer Hündin nicht wichtig.

Zuchtbestimmungen

Ahnentafel: Züchten Sie nur mit einem Pudel, der eine anerkannte Ahnentafel hat. Auf ihr sind die Vorfahren eingetragen. Das ist wichtig, denn diese geben ja ihre Erbanlagen an die Nachkommen weiter.

Zuchtbestimmungen: Nach den Zuchtbestimmungen des Deutschen Pudelklubs e.V. von 1893 beträgt das Mindestzuchtalter für alle Pudelrüden 12 Monate, für Toy-, Zwerg- und Kleinpudelhündinnen 15 Monate, für Großpudel-Hündinnen 18 Monate. Die Altersgrenze für das Decken ist beim Rüden unbegrenzt, die Hündin darf nicht älter als 8 Jahre sein.

Zuchterlaubnis: Pudel, mit denen gezüchtet werden soll, müssen auf einer Zuchtzulassungs-Veranstaltung einer Kommission vorgestellt werden, die die Zuchterlaubnis erteilt. Nur Hunde mit der Formwertnote »vorzüglich« oder »sehr gut« werden zur Zucht zugelassen. Die Zulassung wird auf der Ahnentafel eingetragen.

Über die Beurteilung des Pudels gibt die Zuchttauglichkeitsliste Auskunft. Sie ist dem Besitzer des Zuchtpartners vor dem Deckakt vorzulegen.

Paarung

Die erste Läufigkeit der Hündin setzt in der Regel im Alter zwischen 6 und 12 Monaten ein und wiederholt sich dann alle 6 Monate, meist im Frühjahr und Herbst. Die Hitze, wie die Läufigkeit auch genannt wird, dauert ungefähr 3 Wochen.

Bei der Zucht von Rassehunden geht es vor allem darum, die guten Eigenschaften der Rasse zu erhalten und zu verbessern. Man sollte deshalb nur mit Hunden, deren Rassemerkmale einwandfrei sind, züchten.

Dieser weiße Großpudel zeigt die klassische Löwenschur.

Bringen Sie die läufige Hündin am 11. Tag zum Rüden und lassen Sie sie zur Sicherheit am 13. Tag noch einmal nachdecken.

Während der Paarung schwellen beim Rüden Penis und Schwellkörper an. Gleichzeitig verengt sich der Vaginalring der Hündin, so daß die Hunde aneinander »hängen«. Das kann 30 Minuten und länger dauern. Die Tiere jetzt nicht trennen, sonst könnten sie Verletzungen davontragen.

Trächtigkeit

Sie dauert in der Regel zwischen 60 und 65 Tagen. Nach der Hitze schwillt das Geschlecht nicht mehr vollständig ab. Leichter Schleim tritt aus, und die Zitzen sind vergrößert. Etwa ab der 5. Woche wird Ihre Pudelhündin erkennbar fülliger und meist auch anhänglicher. Außerdem braucht sie mehr zu fressen (→ Seite 48).

Scheinträchtigkeit: Auch eine nicht gedeckte Hündin kann typische Trächtigkeitsmerkmale zeigen (runder Bauch, geschwollene Zitzen). Sie sucht sich ein »Ersatzbaby«, zum Beispiel ein Stofftier, legt es ans Gesäuge und produziert Milch. Damit sich die Zitzen nicht entzünden, das Stofftier entfernen.

Wurfkiste

Ausstattung: Die Wurfkiste aus Holz (Grundfläche je nach Pudelgröße zwischen 50 x 50 cm und 100 x 100 cm, Höhe etwa 40 cm mit einer Ausbuchtung als Einstieg) wird mit einer Decke ausgelegt, darüber mehrere Lagen Zeitungspapier. Dieses hält die Jungen warm, saugt den Urin auf und muß täglich gewechselt werden.

Standort: Ruhiger, zugluftfreier Raum mit etwa 18 °C. Über der Wurfkiste in 1,30 m Höhe eine Infrarotwärmeleuchte mit einer 150-Watt-Lampe installieren.

Geburt

Am Tag der Geburt wird die Hündin unruhig und beginnt ein »Nest« zu scharren. Nach den Vorwehen setzen die Preßwehen ein, die dem Öffnen des Muttermundes dienen. Dabei steht die Hündin oder legt sich zur Seite. Flüssigkeit tritt aus der Scheide, und kurz darauf erscheint der erste Welpe. Die Hündin befreit ihn von Fruchthülle und Plazenta, frißt diese auf und beißt dabei die Nabelschnur durch. Dann leckt sie das Kleine gründlich ab, um seinen Kreislauf anzuregen. Bleiben Sie während der Wehen und der Geburt in der Nähe der Hündin, um sofort eingreifen zu können, falls etwas schiefläuft.

Zu Komplikationen kann es hin und wieder kommen. Deshalb sollten Sie schon Wochen vor der Geburt mit dem Tierarzt vereinbaren, daß Sie ihn notfalls umgehend herbeirufen können.

Entwicklung der Welpen

Welpen kommen vollbehaart, aber mit geschlossenen Augen und Ohren zur Welt. Dafür können sie riechen und finden Mutters Zitzen unfehlbar.

Nach 2 Wochen sind Augen und Ohren geöffnet. Die Jungen halten sich dicht bei der Mutter, und wenn sie nicht trinken, schlafen sie. Eine Woche später fangen sie an, umherzutapsen.

Ab der 4. Woche drängen sie aus der Wurfkiste. Noch sind die Bewegungen ungelenk und tolpatschig.

Ab der 6. Woche beginnt die sogenannte Prägungsphase. Der Welpe entdeckt sich selbst und seine Geschwister. Beschäftigen Sie sich in dieser Zeit intensiv mit den Kleinen. So können diese ein offenes Verhältnis zum Menschen entwickeln.

Ab der 8. bis 12. Woche findet die Sozialisierungsphase statt, in der die Welpen im Spiel miteinander soziale und andere Verhaltensweisen einüben.

Mit dem Pudel zur Ausstellung

Sich an einer Hundeausstellung zu beteiligen, ist für den Züchter wie für den Liebhaber gleichermaßen interessant. Sie dient dazu, die Hunde auszuwählen, die dem Idealtyp der Rasse entsprechen, und sie als Zuchtziel zu präsentieren. Dafür werden von den Zuchtrichtern Aussehen und Wesen des Hundes bis ins kleinste Detail begutachtet und mit den Standardvorschriften verglichen. Je vollkommener der Hund, desto höher die Bewertung.

Für die Teilnahme an einer nationalen oder internationalen Zuchtschau gibt es verbindliche Regeln. Die begehrtesten Championate winken ausschließlich auf Ausstellungen, die vom »Verband für das Deutsche Hundewesen« (VDH) oder weltweit von der »Fédération Cynologique Internationale« (FCI) ausgerichtet werden.

<u>Voraussetzung</u> ist die gültige Ahnentafel, ausgestellt von einem der 5 Pudelclubs (→ Adressen, Seite 63).

<u>Zur Vorbereitung</u> gehören unter anderem eine optimale Fellpflege und sorgfältiges Training, um den Hund auf der Ausstellung von seiner besten Seite präsentieren zu können.

<u>Zugelassen</u> sind die Größen Toypudel (unter 28 cm Schulterhöhe), Zwergpudel (18 bis 35 cm), Kleinpudel (36 bis 45 cm), Großpudel (46 bis 60 cm) sowie die drei Schurarten Alte oder Löwenschur, Neue oder Modeschur und die Englische Sattelschur. Anerkannt sind die 5 Farbschläge Schwarz, Weiß, Braun, Silber und Apricot. Mindestalter 9 Monate; für die Jüngstenklasse 6 Monate.

<u>Zur Bewertung</u> teilt man die Pudel in Altersklassen ein. Die Zuchtrichter verteilen nach der Beurteilung im Stand und in der Bewegung die sogenannte Formwertnote. Diese hängt von der jeweiligen Tageskondition des Hundes und sicherlich auch vom individuellen Geschmack der einzelnen Ausstellungsrichter ab.

<u>Zum »Internationalen Schönheits-Sieger«</u> wird ein Hund gekürt, der das Internationale Schönheits-Championat (CACIB) viermal gewonnen hat. Anfänger beginnen zum Beispiel als Klubsieger (nationale Schau). Landesweit vergeben werden die Titel Bundessieger oder Bundesjugendsieger. Schließlich gibt es jährlich noch das Europa- und Weltsieger-Championat.

<u>Senioren-Shows:</u> Zunehmend beliebter sind Wettbewerbe, bei denen Hunde über 8 Jahre präsentiert werden. Besonders gefragt sind hier lebendiges Wesen und tadellose Gesundheit. Die Champions der Senioren-Shows sind also in der Regel Tiere, die aus überdurchschnittlich langlebigen und vitalen Zuchtlinien stammen.

Die Hundeausstellung bietet dem Pudelfreund die Möglichkeit, Idealtypen der Rasse zu sehen und sich mit Züchtern und anderen Liebhabern des Pudels auszutauschen. Wer seinen Hund selbst der Öffentlichkeit vorstellen möchte, muß zuvor Mitglied in einem anerkannten Pudelclub werden.

Schon dem Junghund wird die richtige Ausstellungsposition beigebracht.

Sachregister

Die **halbfett** gesetzten Seitenzahlen verweisen auf Farbfotos und Zeichnungen. U = Umschlagseite.

Aus Liebe und Verantwortung.

Wir alle wissen es: Was der »beste Freund«
am meisten braucht, ist Liebe. Aber Liebe heißt
auch Verantwortung übernehmen.
Für die richtige Pflege, eine gesunde Ernährung ...
Kurz: ein artgerechtes Hundeleben.
Gut, daß man sich bei dieser Aufgabe wirklich
helfen lassen kann. Von den GU Tier-Ratgebern.
Mit leicht verständlichem Experten-Rat
für ein langes, glückliches Zusammenleben.

Pflege, Ernährung, Erziehung und, und,
und ... Mit Rasseteil und Hunde-Lexikon.
176 Seiten, 180 Farbfotos.
34,80 DM/272,- öS/35,80 sfr.

So helfen Sie selber.
Tierärztlicher Rat und Tips für die homöopathische Behandlung.
Symptom-Tabelle für die schnelle Diagnose.
128 Seiten, 50 Farbfotos, 50 Zeichnungen.
24,80 DM/194,- öS/25,80 sfr.

**Mehr draus machen.
Mit GU.**

Adressen

Hundeverbände

Fédération Cynologique
  Internationale (FCI),
  14, rue Léopold II,
  B-6530 Thuin/Belgien
Verband für das Deut-
  sche Hundewesen e.V.
  (VDH), Postfach
  10 41 54, D-44041
  Dortmund, Tel. 02 31/
  56 50 00
Deutscher Pudel Klub
  e.V. (DPK)
  Hauptgeschäftsstelle:
  Vaderkeborg 19,
  26789 Leer,
  Tel. 04 91/6 48 37
Österreichischer
  Kynologenverband
  (ÖKV), Johann-Teufel-
  Gasse 8, A-1238 Wien,
  Tel. 00 43/1/88 70 92
Österreichischer Club der
  Pudelfreunde (ÖCP),
  In der Gugl 6, A-3400
  Kloster Neuburg,
  Tel. 0 22 43/29 81
Schweizerische Kynologi-
  sche Gesellschaft
  (SKG/SCS), Länggaß-
  str. 8, CH-3012 Bern,
  Tel. 00 41/31/3 01 58 19
Schweizerischer Pudel
  Club (SPC),
  Zuchtwart/Sekretärin
  Frau Lisbeth Mach,
  Haus Kacian, CH-6062
  Wilen, Tel. 00 41/41/
  66 50 63
Die Anschriften von
Hundeclubs und -verei-
nen können Sie bei den
vorgenannten Verbänden
erfragen.

Fragen zur Hundehal-
tung beantworten

Ihr Zoofachhändler oder
der Zentralverband Zoo-
logischer Fachbetriebe
Deutschlands e.V.,
Rheinstr. 35, D-63225
Langen

*Im unermüdlichen
Spiel üben die jungen Pudel
Hundeverhalten.*

Haftpflichtversicherung

Fast alle Versicherungen bieten auch Haftpflichtversicherungen für Hunde an.

Krankenversicherung für den Hund

Uelzener Allgemeine Versicherungsgesellschaft AG, Postfach 14 23, Veerssener Str. 67, 29525 Uelzen

Registrierung von Hunden

Haustier-Zentralregister für die BRD e.V. TASSO, Postfach 14 23, D-65783 Hattersheim.
Wer seinen Hund vor Tierfängern und dem Tod im Versuchslabor schützen will, kann ihn hier registrieren lassen. Die Eintragung sowie die computergesteuerte Suche bei Vermißtenmeldung sind kostenlos.

Zeitschriften, die weiterhelfen

Unser Rassehund.
   Herausgeber: Verband für das Deutsche Hundewesen e.V. (VDH), Dortmund.
Das Tier,
   Brunnenwiesenstr. 23, 73760 Ostfildern

Bücher, die weiterhelfen

(falls nicht im Buchhandel, dann in Bibliotheken erhältlich)
Hart, Benjamin L. und Hart, Lynette A.: *Verhaltenstherapie bei Hund und Katze.* Ferdinand Enke Verlag, Stuttgart.

Kriechbaumer, A.: *Kleinhunde. Hunde mit Charme und Charakter.* Gräfe und Unzer Verlag, München.
Nagel, Annerose: *Der Pudel.* Verlag Paul Parey, Hamburg und Berlin.
Ransom, Jackie: *Pudel.* Kynos Verlag, Mürlenbach.

Schneider-Leyer, Erich: *Pudel.* Verlag Eugen Ulmer, Stuttgart.
Streitferdt, Uwe: *Mein kranker Hund.* Gräfe und Unzer Verlag, München.

Die Autorin

Katrin Behrend, Journalistin, Tierbuch-Redakteurin, lebt und arbeitet seit kurzem in Italien.

Wichtige Hinweise

In diesem GU Ratgeber geht es um die Anschaffung und Haltung von Pudeln. Autorin und Verlag halten es für wichtig, darauf hinzuweisen, daß sich die Haltungsregeln des Buches in erster Linie auf normal entwickelte Jungtiere aus guter Zucht beziehen, also auf gesunde, charakterlich einwandfreie Tiere. Wer einen erwachsenen Hund zu sich nimmt, muß sich bewußt sein, daß dieser bereits wesentliche Prägung durch den Menschen erfahren hat. Er sollte den Hund besonders genau beobachten, auch in seinem Verhalten zum Menschen; er sollte sich auch den bisherigen Besitzer ansehen. Ist der Hund aus einem Tierheim, so kann dieses über die Herkunft des Hundes und seine Eigenheiten eventuell Auskunft geben.
Es gibt Hunde, die aufgrund schlechter Erfahrungen mit Menschen in ihrem Verhalten auffällig sind, vielleicht auch zum Beißen neigen. Diese Hunde sollten nur von erfahrenen Hundehaltern aufgenommen werden. Auch bei gut erzogenen und sorgfältig beaufsichtigten Hunden besteht die Möglichkeit, daß sie Schäden an fremdem Eigentum anrichten oder gar Unfälle verursachen. Ein ausreichender Versicherungsschutz liegt im Eigeninteresse; der Abschluß einer Hundehaftpflicht-Versicherung ist in jedem Fall dringend zu empfehlen.
Lassen Sie bei Ihrem Hund auch alle notwendigen Schutzimpfungen und Entwurmungen (→ Seite 51) ausführen, da sonst eine erhebliche gesundheitliche Gefährdung von Mensch und Tier möglich ist. Einige Krankheiten und Parasiten sind auf den Menschen übertragbar (→ Seite 51).
Zeigen sich bei Ihrem Hund Krankheitsanzeichen, sollten Sie unbedingt einen Tierarzt zu Rate ziehen. Gehen Sie im Zweifelsfalle selbst zum Arzt und weisen Sie ihn auf die Hundehaltung hin.

Das Thema Pudel ist eines ihrer Spezialgebiete im Haustierbereich.

Dank

Autorin und Verlag danken Herrn Dr. Uwe Streitferdt für die Durchsicht der Kapitel »Die richtige Ernährung« und »Gesundheitsvorsorge und Krankheiten«.

Die Fotos auf dem Buchumschlag:

Umschlagvorderseite: Silberfarbener Zwergpudel
Umschlagrückseite: Apricotfarbender Zwergpudel mit Kind.

Redaktion: Anita Zellner, Gabriele Linke-Grün
Zeichnungen: Renate Holzner
Herstellung: Verena Römer
Umschlaggestaltung: Heinz Kraxenberger
Satz: Typodata GmbH, München
Reproduktion: Dörfel
Druck: Stürtz
Bindung: Stürtz

ISBN 3-7742-2130-8

Auflage 5. 4. 3. 2. 1.
Jahr 98 97 96 95 94